新版 おうちでつくるイギリス菓子

BRITISH HOME BAKING

Galettes and Biscuits

安田真理子

山と溪谷社

Be-Ro
PLAIN
Flour
Much loved baking
NEW 41st Edition Be-Ro Recipe Book Available Now!
Be-Ro
PLAIN
Flour

INTRODUCTION
はじめに

イギリスでお菓子作りを教わりはじめた頃、何より驚いたのはそのおおらかさ。
「お菓子は計量が大事よ」なんて言いつつ登場するのは古い天秤量り。
ベーキングパウダーはティースプーン1杯ねって、それずいぶんと山盛りだけど……。
「これでよーくかき混ぜて」と手渡されるのは、ホイッパーではなく木のスプーン。
お菓子作りってもっと繊細で手間がかかるものじゃなかった？
そんな心配をよそに、あっという間にオーブンからは夢のようにいい香りが漂ってきます。
焼きたてのお菓子をほおばれば、自然と顔も心もほころんでしまうおいしさにまたびっくり。
先ほどの懐疑心はどこへやら。

専用の製菓道具がなくたって、眉間にしわを寄せてレシピとにらめっこしなくたって、
「イギリス菓子なんて作ったことも食べたこともないわ」という人だって、
誰もがシンプルな材料からおいしいお菓子を作りだせるのがブリティッシュベイキングの魅力。

さらさらと指の間からこぼれる粉の感覚、どんどん姿を変えてゆく生地、
気づくと日常のささいなことは頭から離れ、すっかり癒されている自分がいます。
まるで魔法みたい。

長いことイギリス菓子を作り続けてきて、
どれだけの数のイギリス菓子を焼いたか見当もつきませんが、
今も変わらずいちばんに伝えたいのは、「肩の力を抜いて、あわてず、楽しい気分で」
それがおいしいお菓子を作る秘訣ということ。
季節や材料、その日の気分、いろいろな要素が組み合わさって、
毎回同じ見た目のケーキがオーブンから出てくるとは限らないけれど、
おいしいと自分で満足できればそれでいい。ホームベイキングですから。
そしてたくさん出来たお菓子はみんなにHappyのお裾分けをしてもいいし、
自分へのご褒美に独り占めしてもいい。

さぁ、今日はどのお菓子を作りましょうか。
私がいつもイギリス菓子からもらっている、温かくて穏やかな空気を
同じように感じてもらえますように。

Galettes and Biscuits
安田真理子

CONTENTS

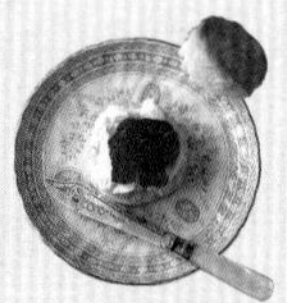

CHAPTER 1 Scones & Biscuits スコーン&ビスケット

CHAPTER 2 Cakes ケーキ

CHAPTER 3
Pastries
ペストリー

CHAPTER 4
Puddings
プディング

CHAPTER 5
Oats
オーツ（オートミール）

Something Special
特別な日のお菓子

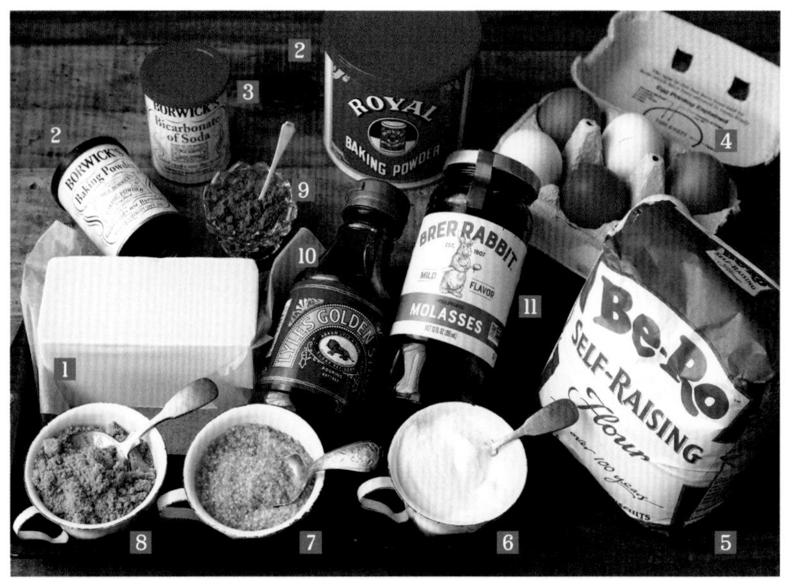

INGREDIENTS
基本の材料

1 BUTTER
バター

食塩不使用バターを使います。

2 BAKING POWDER
ベーキングパウダー

イギリスのお菓子はベーキングパウダーをよく使います。アルミニウムフリーのものが苦味が少なくおすすめです。

3 BAKING SODA
重曹

独特の食感と風味を生み出します。ふくらませる力が強いので、入れすぎに注意しましょう。

4 EGGS
卵

Lサイズ(約60g)を使用しています。でも「Sサイズしかおうちにない!」なんてときは、溶きほぐしてからグラムで量れば大丈夫。

5 FLOUR
薄力粉

薄力粉は好みのもので結構ですが、イギリスらしいちょっと重めの食感にしたいときは、たんぱく質の含有量が多めの国産薄力粉を使うといいでしょう。とくにスコーンなどは粉次第で大きく食感が変わるので、いろいろ試して好みの薄力粉を探すのも楽しいものです。

6 GRANULATED SUGAR
グラニュー糖

イギリスのお菓子作りに使う「カスターシュガー」にあたるのが、粒の細かい「微細グラニュー糖」。日本の通常のグラニュー糖は粒子が粗いため生地に溶けきらず、ふくらみなどに影響することもあるので、できるだけ微細グラニュー糖を使うことをおすすめします。製菓材料店などで購入できますが、入手しにくければ、グラニュー糖をほんの少し細かくなるまでフードプロセッサーにかけるという手もあります。

7 DEMERARA SUGAR
デメララシュガー

ベージュ色の粒の粗い砂糖で、お菓子作りではケーキの表面にふりかけて焼いたり、クランブルに混ぜたりと、その食感を楽しみます。「島ザラメ」「粗精糖」などの名前で売られている、金色の粒の粗い砂糖で代用可能。表面がかりっと焼きあがり、いいアクセントになります。

8 BROWN SUGAR
ブラウンシュガー

イギリスには、茶色の砂糖だけでもたくさんの種類があります。ブラウンシュガーを選ぶときはなるべく茶色の濃いものを選んでください。黒糖をよくふるったもの、赤糖などでもおいしくできます。

9 MIXED SPICE
ミックススパイス

イギリスの焼き菓子によく使われるスパイス。日本で「ミックススパイス」の名で売られているものとは異なります。手作りする際は[コリアンダー50%・オールスパイス30%・シナモン10%・ジンジャー5%・ナツメグ5%]の割合で混ぜ、瓶に入れて保存しておくと便利です。

10 GOLDEN SYRUP
ゴールデンシロップ

砂糖を精製する際にできる副産物で、琥珀色をした糖蜜。どこか甘露飴にも似た風味があり、クランペットにかけたり、お菓子作りの材料としてもよく登場します。製菓材料店やネット通販で購入できます。

11 BLACK TREACLE
ブラックトリークル(モラセス)

砂糖を精製する際にできる副産物で、濃度の強いまっ黒の糖蜜。ほのかな苦味がジンジャーブレッドなどにコクを与えてくれます。アメリカ産のモラセスで代用できます。

EQUIPMENT
基本の道具

1 SANDWICH TIN
サンドイッチティン

イギリスではクリームやジャムをサンドするケーキを作る際、生地を浅い2つの型に分けて焼きます。深い型1つで焼いてスライスするより、浅い型2つに分けて焼くほうが短時間でふっくら焼きあがります。できれば日本の普通の深いケーキ型でいいので、2つに分けて焼くことをおすすめします。直径20cmの型を使用しているお菓子は、材料を半量にすると直径15cmの型にちょうどよくなります。

2 BAKING TRAY
ベイキングトレイ

手早くたくさん作りたいときに最適なのが、薄く大きく焼いて切り分けるトレイベイク。本書では17×27cmのトレイを使用していますが、代わりに22cm角の正方形の型でも同じように作れます。

3 LOAF TIN
ローフティン（パウンド型）

イギリスでは容量2パウンド（900g）の幅広タイプが主流。お手持ちのパウンド型に分けて焼いてもかまいませんが、生地は型の8分目までとし、焼き時間は適宜加減してください。

4 GRATER
グレーター

いわゆる「チーズおろし」のこと。本書ではアップルラウンドスコーン（p.16）やキャロットケーキ（p.42）、ズッキーニチョコレートケーキ（p.46）などで使用しています。水分と繊維に分かれてしまうので、決して大根おろし器ではおろさないでください。

5 GRIDDLE
グリドル

イギリスで昔から使われている持ち手のついた厚手の鉄板で、直火にのせて使います。厚手のフライパンで代用OK。

6 DARIOLE MOULD
ダリオール型

イングリッシュマドレーヌ（p.60）など小さなケーキを焼くための型。直径5cmくらいのプリン型で代用できます。

7 CRUMPET RING
クランペットリング

日本では「イングリッシュマフィンリング」の名前でも売られています。

8 ROLLING PIN
めん棒

力が入りやすいよう、できるだけ太いめん棒がおすすめです。

9 BUN TIN
バンティン

ジャムタルト（p.68）で使用する、小さなタルトを焼くための天板。日本では「タルトレット天板」の名前で売られています。

10 WOODEN SPOON
木のスプーン

イギリスではホイッパーもゴムべらも使わずこれひとつで、ケーキでも料理でも作ってしまう、魔法の道具。

11 PASTRY CUTTER
抜き型

直径5～8cmの抜き型をよく使います。丸型と菊型があると便利です。

12 PASTRY BRUSH
刷毛

生地についた余分な粉を払う際は天然毛の刷毛を、卵を塗る場合はシリコン製が洗いやすく便利です。

13 TABLE KNIFE
テーブルナイフ

スコーンやペストリー作りでよく登場するのが、刃先の丸い食卓用ナイフ。粉類と液体を混ぜるときに使うと、生地が練られずにいい感じに仕上がります。

BEFORE YOU START
はじめる前に

●小さじ1は5mℓ、大さじ1は15mℓです。
●卵はLサイズ、バターは食塩不使用のものを使用しています。
●電子レンジの加熱時間は出力600Wの場合の目安時間です。
●オーブンは、必ず予熱します。電気オーブンの場合は、焼成温度より10℃ほど高めに予熱しておき、焼くときに指定の温度に下げて焼くといいでしょう。
庫内温度計を使って、事前に、実際の庫内温度とオーブンの温度表示に違いがないかを確認すると安心です。
焼き時間はオーブンの機種によって異なるため、あくまで目安です。
焼きあがりの様子を見ながら調整してください。
●作りはじめる前に一度レシピを最後まで読み、必要な材料と道具を準備しましょう。
卵やバターは、冷やしておくよう指示のある場合を除き、基本的に室温に戻しておきます。
とくにバターがかたいと出来あがりの生地に影響します。
バターを急いでやわらかくしたい場合は、1cmくらいの厚さにスライスしてラップで包み、電子レンジで10秒ずつ様子を見ながら加熱するといいでしょう。
●リラックスして、のんびりした気持ちで作りましょう。これがいちばん大切!

COOKING TIME
調理時間について

●調理にかかる時間の目安を砂時計のアイコンで表示しています。
なお、準備の時間や事前の仕込みものの製作時間、仕上がりの生地やクリームを冷ます時間、フィリングなどを冷やし固める時間は除いています。

30分以内

60分以内

90分以内

OVER
90 MIN
90分以上

CHAPTER 1

Scones & Biscuits

スコーン&ビスケット

今日のおやつにはあのビスケットがある、そう思い出しただけで幸せになれる。焼きたてのスコーン、それだけでティータイムがいっきにワクワクしたものになる。日々に小さな喜びを与えてくれる、イギリス菓子の世界へようこそ。

SCONES
基本のスコーン

こんなにもシンプルでおいしく、イギリスらしいお菓子があるでしょうか。
紅茶とスコーン、そしてクロテッドクリームにまっ赤なジャム。
テーブルに並べれば、みんなの表情が明るく和やかになります。
上手に作るコツは、イギリスのおばあちゃんになったつもりで、やさしい気持ちで作ること。
シンプルだからこそ、その日の天候やオーブンのご機嫌によっても焼きあがりは違ってきます。
「今日はどんな顔のスコーンが焼きあがるかな？」
それくらいの余裕をもって何度も作ってみてください。
わが家のスコーンがいちばんと自慢できるくらい、おいしいスコーンが焼けるようになりますよ。

INGREDIENTS ［直径5.5cmの丸型×8個分］

A
- 薄力粉 240g
- ベーキングパウダー 小さじ2
- グラニュー糖 30g
- 塩 .... ひとつまみ

バター 70g

B
- プレーンヨーグルト 80mℓ
- 水 40mℓ

〈仕上げ用〉
溶き卵（好みで／上塗り用）.... 適量

PREPARATION

・バターは1cm角に切って冷やします。
・Bはよく混ぜ合わせます。
・天板にオーブンシートを敷きます。
・オーブンは210℃に予熱します。

RECIPE

1. Aを合わせてボウルにふるい入れ、バターを加えます。指先をこすり合わせながら粉の中でバターの粒を小さくしていきa、全体をさらさらのパン粉状にします。
2. Bを回し入れ、テーブルナイフまたはゴムべらでざっと混ぜてbひとかたまりにします。生地をこぶしで軽くつぶしc、カードで半分に切って上に重ねる、という作業を2回繰り返したら生地は完成。
   ◎もしくは、数回やさしく練ってまとめるだけでもOK。
3. 打ち粉（分量外）をふった台に取り出し、めん棒で厚さ2.5cmにのばしたら、粉をはたいた型で抜いて天板に並べます。残りの生地も軽くまとめて同様に成形します。
4. 好みで、表面に刷毛で溶き卵を塗り、オーブンの温度を200℃に下げ、11～13分焼いたら出来あがり。

▷材料Bはイギリスの「バターミルク」の代わり。牛乳だけよりも、ふんわりしっとり焼きあがります。プレーンヨーグルト＋水の代わりに牛乳120mℓでもOK。
▷4で粗熱がとれたら、好みでクロテッドクリームやジャムと召し上がれ。

a

b

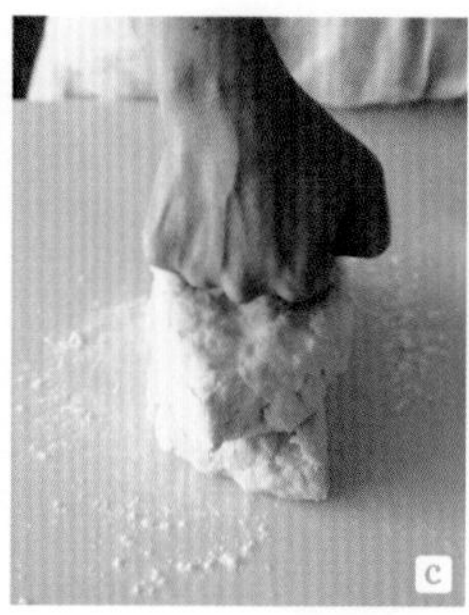
c

CHERRY SCONES / FRUIT SCONES
チェリースコーン／フルーツスコーン

スコーンの大定番、サルタナレーズン入りのほかにも、ぜひ試していただきたいのがチェリーバージョン。
見た目のかわいらしさもさることながら、ほんのりやさしい甘さが、予想以上のおいしさですよ。

INGREDIENTS ［直径5.5cmの丸型×8個分］

A
- 薄力粉 240g
- ベーキングパウダー 小さじ2
- グラニュー糖 30g
- 塩 .... ひとつまみ

バター 70g

［チェリースコーン］ドレンチェリー 8個

［フルーツスコーン］サルタナレーズン 40g

B
- プレーンヨーグルト 80mℓ
- 水 40mℓ

〈仕上げ用〉

溶き卵（好みで／上塗り用） .... 適量

PREPARATION

- ［チェリースコーン］ドレンチェリーは軽く水洗いをして水けを拭き、粗く刻みます。
- バターは1cm角に切って冷やします。
- Bはよく混ぜ合わせます。
- 天板にオーブンシートを敷きます。
- オーブンは210℃に予熱します。

▷材料Bはイギリスの「バターミルク」の代わり。牛乳だけよりも、ふんわりしっとり焼きあがります。プレーンヨーグルト＋水の代わりに牛乳120mℓでもOK。

RECIPE

1. Aを合わせてボウルにふるい入れ、バターを加えます。指先をこすり合わせながら粉の中でバターの粒を小さくしていき、全体をさらさらのパン粉状にします。最後に、チェリースコーンにはドレンチェリー、フルーツスコーンにはサルタナレーズンを加えて混ぜます。
2. Bを回し入れ、テーブルナイフまたはゴムべらでざっと混ぜてひとかたまりにします。生地をこぶしで軽くつぶし、カードで半分に切って上に重ねる、という作業を2回繰り返したら生地は完成。
   ◎もしくは、数回やさしく練ってまとめるだけでもOK。
3. 打ち粉（分量外）をふった台に取り出し、めん棒で厚さ2.5cmにのばしたら、粉をはたいた型で抜いて天板に並べます。残りの生地も軽くまとめて同様に成形します。
4. 好みで、表面に刷毛で溶き卵を塗り、オーブンの温度を200℃に下げ、11〜13分焼いたら出来あがり。

COLUMN

NO.1

スコーンを上手に作るために

1 スコーンの食感や風味は、使う薄力粉によって大きく変わります。イギリス風にちょっとしっかりしたタイプがお好きなら、国産のたんぱく質の含有量が多めの薄力粉「クーヘン」を、ふわふわがお好みなら「バイオレット」など、好みに合わせて選んでください。

2 夏場はバターが手の熱で溶けやすいので、フードプロセッサーで作るのも便利。p.10、12のAの材料とバターをフードプロセッサーに入れて全体がさらさらの状態になるまで回します。次にBの材料も加えて、ひとかたまりになるまでさらに回せば、生地の完成です。

3 生地がべたつくからと加える水分を控えると、かたいスコーンになってしまいます。生地がやわらかくて扱いにくい場合は打ち粉を多めに使うようにし、なるべく分量の水分はすべて入れるようにします。

4 スコーンが上手にふくらむかどうかは、いかに生地をスパッと抜けるかが大切。粉を入れた器を脇に準備し、そこに抜き型をすっぽりうずめるようにして粉をつけてから抜きます。なるべくエッジの鋭いシャープな抜き型のほうがきれいにカットできます。

5 アフタヌーンティーのスタンドにのせるなど、よりお行儀のいいまっすぐなスコーンにしたいときは、出来あがった生地をラップで包んで冷蔵庫で30分ほど寝かせ、いつもよりほんの少し薄めにのばしてから、型で抜いて焼きましょう。

6 よりつやつやにしたいときは卵黄を、素朴なスタイルにしたいときは牛乳を塗るなど、そのときのお茶のスタイルに合わせて表情を変えても。

7 スコーンが元気よくふくらむには、温度が大切。オーブン用の庫内温度計で、設定温度までしっかり上がっているかチェックします。

DATE & WALNUT SCONES
デーツ＆ウォルナッツスコーン

イギリスのお菓子作りに何かと登場するデーツ（なつめやしの実）。
現地のスーパーでは、そのまま食べるふっくらやわらかな高級品から、
製菓用にデーツを刻んだものやそれをブロック状に固めたものまで、手軽に手に入ります。
デーツをスコーンに加えることも珍しくはありません。
ここでは、くるみとスパイスも加えてさらに奥行きのある味わいに。
このいかにもイギリス的な組み合わせのスコーンには、クロテッドクリームとジャムより、
バターをたっぷり塗っていただくのがおすすめです。

INGREDIENTS ［直径5.5cmの丸型×8個分］

A
- 薄力粉 240g
- ベーキングパウダー 小さじ2½
- きび砂糖 30g
- 塩 .... ひとつまみ
- シナモンパウダー .... 小さじ½
- ミックススパイス .... 小さじ½

バター 60g

B
- デーツ（種抜き／約7㎜角に切る）.... 60g
- くるみ（粗みじん切り）.... 30g

C
- プレーンヨーグルト 80mℓ
- 水 40mℓ

PREPARATION

・バターは1cm角に切って冷やします。
・Cはよく混ぜ合わせます。
・天板にオーブンシートを敷きます。
・オーブンは200℃に予熱します。

RECIPE

1. Aを合わせてボウルにふるい入れ、バターを加えます。指先をこすり合わせながら粉の中でバターの粒を小さくしていき、全体をさらさらのパン粉状にします。Bを加えて軽く混ぜます。
2. Cを回し入れ、テーブルナイフまたはゴムべらで混ぜてひとかたまりにします。手で軽くまとめたらこぶしでつぶし、カードで半分に切って上に重ねる、という作業を2回繰り返します。
◎もしくは、数回やさしく練ってまとめるだけでもOK。
3. 打ち粉（分量外）をふった台に取り出し、めん棒で厚さ2.5cmにのばしたら、粉をはたいた型で抜いて天板に並べます。残りの生地も軽くまとめて同様に成形します。
4. 200℃のオーブンで14分ほど焼いたら出来あがり。

▷材料Cはイギリスの「バターミルク」の代わり。牛乳だけよりも、ふんわりしっとり焼きあがります。プレーンヨーグルト+水の代わりに牛乳120mℓでもOK。

APPLE ROUND SCONES
アップルラウンドスコーン

落ち葉が舞いはじめ、温かい紅茶が恋しくなる季節に、思い出したように作りたくなるスコーン。
りんごがたっぷり入るので、加える牛乳は少しだけ。
仕上げにふるデメララシュガーがいいアクセントになるので、これは忘れずに。
生地をのばして型で抜き、残りの生地をまたまとめて、
なんて面倒な作業がないのもこのスコーンのいいところ。
生地をひとつに丸くまとめたら、あとは天板にのせて切り目を入れるだけです。
ほのかにりんごが香る、しっとりやさしい甘さをお楽しみください。

INGREDIENTS ［8個分］

りんご ....中1個（正味150g）

A
- 薄力粉 225g
- ベーキングパウダー 小さじ2
- 塩 小さじ1/4

バター 50g
グラニュー糖 50g
牛乳 ....45〜60mℓ
〈仕上げ用〉
牛乳 ....少々
デメララシュガー 大さじ2

PREPARATION

・バターは1cm角に切って冷やします。
・オーブンは180℃に予熱します。

RECIPE

1. りんごは皮を除いたら、グレーター（チーズおろし）でせん切り状にします。
◎水分が出ないようにやさしくおろします。水分が多いときは、ペーパータオルの上にのせて水けをきってください。
2. Aを合わせてボウルにふるい入れ、バターを加えます。指先をこすり合わせながら粉の中でバターの粒を小さくしていき、全体をさらさらのパン粉状にします。グラニュー糖を加えて軽く混ぜ、1を加えて混ぜはじめたら、まだ粉が残っているうちに生地がまとまる程度に牛乳を加え、カードで生地をひとつにまとめます。
3. オーブンシートの上にのせ、直径15cmの円形に手で形を整え、カードで8等分に切り目を入れます。表面に刷毛で牛乳を塗り、デメララシュガーをたっぷりふりかけます。
4. オーブンシートごと天板にのせ、180℃のオーブンで30分ほど焼いたら出来あがり。手でラフに割ってどうぞ。

▷そのままでも十分おいしいですが、焼きたてならバターやクロテッドクリームを添えても。

CHEESE SCONES
チーズスコーン

セイボリースコーン（塩味のスコーン）はちょっとおなかがすいた午後のお茶の時間や、ピクニックのときにもぴったり。焼きたてにバターを塗って、あるいはクリームチーズやチャツネを添えて。
これに温かいスープでもあれば、立派なランチにもなります。

INGREDIENTS ［直径5.5㎝の丸型×8個分］

A
- 薄力粉 240g
- ベーキングパウダー 小さじ2
- 塩 小さじ1/3
- マスタードパウダー（または粉からし） 小さじ1
- カイエンペッパー（好みで） .... ひとつまみ

バター 50g
チェダーチーズ（粗くおろす） 70g
牛乳 .... 120㎖
〈仕上げ用〉
牛乳、チェダーチーズ .... 各適量

PREPARATION

- バターは1㎝角に切って冷やします。
- 天板にオーブンシートを敷きます。
- オーブンは210℃に予熱します。

▷材料Aからカイエンペッパーを除き、細かく刻んだクレソン70gをチェダーチーズと一緒に加えて同様に焼けば、緑色がきれいなクレソンスコーンが作れます。

RECIPE

1. Aを合わせてボウルにふるい入れ、バターを加えます。指先をこすり合わせながら粉の中でバターの粒を小さくしていき、全体をさらさらのパン粉状にします。チェダーチーズも加えてざっと混ぜ合わせます。
2. 牛乳を回し入れ、テーブルナイフまたはゴムべらでざっと混ぜ、ひとかたまりにします。生地をこぶしで軽くつぶし、カードで半分に切って上に重ねる、という作業を2回繰り返します。
   ◎もしくは、数回やさしく練ってまとめるだけでもOK。
3. 打ち粉（分量外）をふった台に取り出し、めん棒で厚さ2.5㎝にのばしたら、粉をはたいた型で抜いて天板に並べます。残りの生地も軽くまとめて同様に成形します。
4. 表面に刷毛で牛乳を塗り、チェダーチーズをのせます。オーブンの温度を200℃に下げ、13～15分焼いたら出来あがり。

ROSEMARY & POTATO SCONES
ローズマリー＆ポテトスコーン

週末の朝ごはんや友達とのランチにもぴったりなスコーン。
ガーリックのきいたポテトは、ローズマリーやチーズとの相性抜群です。
もう少しボリュームがほしいときは角切りのベーコンをプラスしたり、大人向けには隠し味にアンチョビを加えてポテトをソテーしても。

INGREDIENTS ［8個分］

じゃがいも（皮をむく）....250g
にんにく（つぶす）....1かけ
オリーブオイル....大さじ1
塩、こしょう....各少々
A　薄力粉....350g
　　ベーキングパウダー....大さじ1
　　塩....小さじ1/3
バター....80g
ローズマリー（刻む）....小さじ1
チェダーチーズ（粗くおろす）....80g
B　プレーンヨーグルト....140mℓ
　　牛乳....70mℓ
〈仕上げ用〉
牛乳、チェダーチーズ、ローズマリー....各適量

PREPARATION

- バターは1cm角に切って冷やします。
- Bはよく混ぜ合わせます。
- 天板にオーブンシートを敷きます。
- オーブンは200℃に予熱します。

RECIPE

1. じゃがいもは7mm厚さのいちょう切りにし、かためにゆでたら、にんにく、オリーブオイルとともに軽く炒めます。塩、こしょうで味をととのえ、冷まします。
2. Aを合わせてボウルにふるい入れ、バターを加えます。指先をこすり合わせながら粉の中でバターの粒を小さくしていき、全体をさらさらのパン粉状にします。ローズマリーとチェダーチーズを加えて軽く混ぜ、Bを回し入れ、テーブルナイフまたはゴムべらでざっと混ぜてひとかたまりにします。
3. 打ち粉（分量外）をふった台の上にのせ、直径25cmの円形にのばします。1をまん中にのせ、周囲の生地を寄せて包むようにしてしっかり綴じます。天板に綴じ目が下になるようにのせたら、手で軽くつぶして直径20cmくらいの円形に整えます。カードで8等分に切り目を入れ、表面に刷毛で牛乳を塗ってチェダーチーズとローズマリーをのせます。
4. 200℃のオーブンで約25分、ひとまわり大きくふくらんでいい色に焼けたら完成です。

GOLDEN SYRUP

CRUMPETS
クランペット

イギリスのティールームでメニューを眺めると、スコーンと並んでよく載っているのがこれ。
「ちょっぴりおなかがすいたけどサンドイッチまではいらないし、ケーキという気分でもない……」
そんなときにぴったりなお茶のお供。
まわりのテーブルを見渡せば、クランペットにこれでもかというほどたっぷりのバターと
ゴールデンシロップをしみ込ませて、皆うれしそうにほおばっています。
イーストで発酵させたゆるい生地をリングに流して焼くクランペットは、
片側だけにたくさんの穴があいているので、バターがいい具合にしみ込んでくれます。
そっけない見た目ですが、そのもちもちの食感は、一度食べればきっとやみつきに。

INGREDIENTS ［直径8.5cmのクランペットリング（orイングリッシュマフィンリング）×12個分］

A
- 牛乳 300mℓ
- 水 80mℓ
- グラニュー糖 小さじ1

ドライイースト 大さじ1

B
- 強力粉 225g
- 重曹 ....小さじ½
- 塩 ....小さじ⅔

PREPARATION

・クランペットリングの内側に植物油（分量外）を塗ります。

RECIPE

1. Aを小鍋に入れてひと肌程度に温め、ドライイーストを加えて混ぜます。
2. Bを合わせてボウルにふるい入れ、まん中をくぼませます。そこに1の半量を流し入れて、ホイッパーでまん中から少しずつ粉をくずしながら混ぜていきます。残りも加えて、全体がなめらかになるまでよく混ぜたら生地は完成。ラップでふたをして、30～35℃で45～60分おき、約2倍にふくらむまで発酵させます。
3. グリドルまたは厚手のフライパンに植物油（分量外）を薄く塗り、クランペットリングを並べて温めます。2を軽く混ぜてから、リングの内側にスプーンで半分の高さまで流し入れ、弱火で約7分焼きます。表面に出た泡がはじけ、側面が固まりはじめたらリングをはずしてひっくり返し、さらに色づくまで数分焼きます。
   ◎冷めたら軽くトースターやフライパンで温め直してください。
   ◎たっぷりのバターをのせ、ゴールデンシロップをかけて召しあがれ。

▷2の発酵後の生地の濃度が濃すぎると泡が出てもはじけません。そんなときは、ほんの少しの水でゆるめます。
▷3のグリドルまたはフライパンの温度が低すぎたり、クランペットリングに生地を入れすぎると、表面の穴がうまくあきません。

CUSTARD
CREAM

FIG ROLLS
フィグロール

イギリスのスーパーマーケットの定番ビスケットのひとつ「フィグロール」。
ビスケット生地でたっぷりのいちじくフィリングを包み込んだそれは、
そのプチプチ食感と生地のバランスが絶妙です。
紅茶やミルクと合わせれば、忙しい朝の朝食にもなりそうな満足感。
市販品とは段違いの味とヘルシー感を味わってみてください。

INGREDIENTS ［18個分］

バター 50g
ブラウンシュガー 40g
卵 1個
A | 薄力粉 180g
　| ベーキングパウダー ....小さじ½
　| 塩 ....ひとつまみ
〈フィリング〉
ドライいちじく（小さく切る）....200g
ブラウンシュガー 大さじ2
水 ....150㎖
シナモンパウダー ....小さじ⅓

PREPARATION

・バターと卵は室温に戻し、卵は溶きほぐします。
・天板にオーブンシートを敷きます。
・オーブンは180℃に予熱します。

RECIPE

1. ボウルにバターとブラウンシュガーを入れ、ホイッパーで白っぽくなるまで攪拌します。溶き卵を少しずつ加えながらさらによく混ぜます。
2. Aを合わせてふるい入れ、ゴムべらで混ぜてひとつにまとめます。ラップで包み、冷蔵庫で30分ほど寝かせます。
3. フィリングを作ります。鍋にドライいちじく、ブラウンシュガー、水を入れて火にかけます。ふたをして煮立ったら弱火にし、いちじくがやわらかくなり、水分がほぼなくなるまで13分ほど加熱します（最後の5分はふたをはずして水分をとばします）。粗熱がとれたらシナモンパウダーを加え、フードプロセッサーでペースト状にして冷まします。
4. 2をめん棒で26×22cmにのばし、縦長に半分にカットします。3を絞り出し袋に入れ、それぞれの生地のまん中に縦に絞り出します。生地の継ぎ目になる部分をほんの少し水で湿らせ、くるりとフィリングを包んで指で押さえてなじませます。継ぎ目が下になるようにひっくり返し、形を整えます（aの左側）。
5. ナイフでそれぞれ9等分して天板に並べ、180℃のオーブンで15分ほど焼きます。

▷4で生地をのばす際、ラップ（または切り開いた厚手のビニール袋）で生地を挟み、めん棒でのばします。生地のまん中に3を絞り、ラップを使って生地で覆うようにフィリングを包むとやりやすいです。

RASPBERRY JAM BUNS
ラズベリージャムバンズ

スコットランドには素朴でこの上なく紅茶に合うお菓子がいくつもありますが、これもそのひとつ。
その冷涼な気候の中で育つラズベリーは、イギリスの中でもトップクオリティー。
ラズベリージャムを使ったお菓子が多いのも納得です。
カリカリのお砂糖に、ぱっくり割ると中から顔を出す赤いジャム。
何度食べても笑顔になるおいしさですよ。

INGREDIENTS ［12個分］

A | 薄力粉 225g
　| ベーキングパウダー 小さじ2
　| 塩 ....ひとつまみ
グラニュー糖 75g
バター 75g
B | 卵 1個
　| 牛乳 大さじ1
ラズベリージャム 約大さじ4
〈仕上げ用〉
溶き卵 ....½個分
デメララシュガー（またはグラニュー糖）
　....約大さじ3

PREPARATION

・バターは1cm角に切って冷やします。
・Bはよく混ぜ合わせます。
・天板にオーブンシートを敷きます。
・オーブンは180°Cに予熱します。

RECIPE

1. Aを合わせてボウルにふるい入れ、グラニュー糖とバターを加えてざっと混ぜ合わせます。指先をこすり合わせながら粉の中でバターの粒を小さくしていき、全体をさらさらのパン粉状にします。
2. Bを加え、ゴムべらで混ぜ合わせてひとつにまとめます。
3. 12等分して丸めてつぶし、まん中をくぼませてラズベリージャムを小さじ1ほど入れます。包み込むようにしてしっかり口を綴じ、綴じ目を下にして天板に並べます。
4. 溶き卵を薄く塗ってデメラシュガーをたっぷりふりかけ、180°Cのオーブンで17～20分焼きます。

▷焼きすぎるとラズベリージャムがあふれてくるのでご注意を。

MACAROONS
マカルーン

風貌もお味も素朴なイギリスのマカロン。外はさっくり、中はねっちりとした食感に、トップに飾る皮むきアーモンドがいいアクセントになっています。
1700年代のイギリスのレシピ本にも載っているほど、古くから作られているこの「マカルーン」。
当時は挽いて粉にしたビターアーモンドを加えて香りをつけていましたが、今はアーモンドエクストラクトを加えます。

INGREDIENTS ［12個分］

卵白 1個分

A | アーモンドパウダー 75g
  | グラニュー糖 75g
  | 上新粉 大さじ1

アーモンドエクストラクト
（ビターアーモンド風味のもの）....少々

皮むきアーモンド 12粒

PREPARATION

- 天板にオーブンシートを敷きます。
- オーブンは160℃に予熱します。

RECIPE

1. 卵白をボウルに入れ、全体が軽くふんわりする程度に泡立てます。Aを合わせてふるい入れ、アーモンドエクストラクトも加えたら、ゴムべらで軽く混ぜ合わせます。
2. 12個に分けて手で丸め、天板に間隔を大きくあけて並べます。軽く手で押しつぶして、まん中にアーモンドを1粒ずつのせます。
◎生地を丸めるときべたつくようなら、軽く水で手を濡らすと丸めやすくなります。
3. 160℃のオーブンで17〜20分、表面がカリッとするまで焼けたら完成です。
◎やわらかい食感が特徴のお菓子なので、焼きすぎに注意します。

ROCK CAKES
ロックケーキ

ごつごつとしたその姿から、ロックケーキと名づけられたこのお菓子。
食感はスコーンとクッキーの中間くらい。リッチすぎず、ドライすぎず、かつほのかにきいたスパイスの香りが、とにかく紅茶に合う一品。
イギリスのティールームでオーダーすると、軽く温められた大きな大きなロックケーキにバターが添えられて出てくることが多いのですが、その素朴さに思わず微笑んでしまいます。
このレシピは小さめサイズですが、お好きなサイズで楽しんでくださいね。

INGREDIENTS［約15個分］

A
- 薄力粉 225g
- ベーキングパウダー 小さじ2
- 塩 .... ひとつまみ

バター 100g

B
- グラニュー糖 50g
- サルタナレーズン+カランツ+オレンジピール 合わせて75g
- ミックススパイス .... 小さじ$\frac{1}{3}$
- ナツメグ .... 少々

卵 1個
牛乳 .... 大さじ2〜3
デメララシュガー .... 適量

PREPARATION

- バターは1cm角に切って冷やします。
- 卵は溶きほぐします。
- 天板にオーブンシートを敷きます。
- オーブンは180℃に予熱します。

RECIPE

1. Aを合わせてボウルにふるい入れ、バターを加えます。指先をこすり合わせながら粉の中でバターの粒を小さくしていきます。全体がさらさらのパン粉状になったら、Bを加えて軽く合わせます。
2. 溶き卵を加えてゴムべらでざっと混ぜ、様子を見ながら、生地がまとまる程度に牛乳を加えて混ぜます。
3. 天板に2をスプーンでラフに、15個くらいのかたまりにして置いていきます。デメララシュガーをたっぷりふりかけ、180℃のオーブンで15〜18分焼きます。おいしそうな焼き色がついたら出来あがり。

CORNISH FAIRINGS
コーニッシュフェアリング

イングランド南西端、コーンウォール地方のビスケット。
「フェアリング」とはもともと、フェア（お祭り）で売られる食べ物全般を指していましたが、
フェアのお土産としても人気だったジンジャーブレッドのみを指す言葉として残りました。
古くからスパイス貿易の玄関口として栄えていたコーンウォールでは、
ほかの地域よりもスパイスを贅沢に使ったフェアリングを楽しむことができ、
「コーニッシュサフランケーキ」などと並び、コーンウォールの名産品となります。
かためのひび割れフェイス、噛みしめるほどに広がるジンジャーと
複雑なスパイスの香りが特徴的なビスケット。
ちょっとお行儀は悪いけれど、ミルクティーにひたして食べると最高です。

INGREDIENTS ［18個分］

A
- 薄力粉 120g
- ベーキングパウダー 小さじ1
- 重曹 小さじ1
- ジンジャーパウダー 小さじ1½
- ミックススパイス 小さじ1
- シナモンパウダー .... 小さじ½

ブラウンシュガー 60g
バター 60g
ゴールデンシロップ 大さじ2

PREPARATION

- バターは1cm角に切って冷やします。
- 天板にオーブンシートを敷きます。
- オーブンは180℃に予熱します。

RECIPE

1. Aを合わせてボウルにふるい入れ、ブラウンシュガーを加えてざっと混ぜます。バターを加え、指先をこすり合わせながら粉の中でバターの粒を小さくしていき、全体をさらさらのパン粉状にします。
2. 耐熱容器にゴールデンシロップを入れ、レンジで軽く温めます。1に回し入れ、最初はゴムべらなどで混ぜ、次になめらかな生地になるまで手で軽く練ってまとめます。
3. 18個に分けて手で丸め、天板に間隔を広めにあけて並べます。オーブンの温度を160℃に下げ、約15分焼いて出来あがり。天板ごと冷まします。
   ◎焼きあがりはふにゃっとやわらかくても、冷めるとパリンとかたくなるので焼きすぎないように注意します。

▷上手にひびが入らないときは、3で焼きあがりの3〜5分前に天板ごと取り出して、軍手をはめた手で天板の底をパンパンとたたいて衝撃を与えてみましょう。蒸気が抜けてビスケットが平らになったら、すぐに天板をオーブンに戻します。ただし、くれぐれもやけどにはご注意を。

Recipe
© Sue Ellery 2002.

VIENNESE WHIRLS
ヴィエニーズワール

「Viennese Whirl」、日本語にすると「ウィーン風渦巻き」。
もっぱら素朴な風貌のイギリスビスケットたちの中で、エレガントさで抜きん出ているのがこれ。
その名が示すように、生地を渦巻き状に絞り出して作ります。
バターたっぷりのやわらかい生地なので、口の中でほどける食感が楽しめます。
ラズベリージャムとバタークリームをサンドしたヴィエニーズワールは、
これはもうビスケットというより、小さなケーキのよう。
実際のところウィーン生まれではないようですが、目をつぶってひと口ほおばれば、
ウィーンの上品でデコラティブなカフェでお茶をしているような気分にひたれそうです。

INGREDIENTS ［10個分］

〈生地〉
バター 150g
粉砂糖 30g
バニラエクストラクト ....少々
薄力粉 150g
コーンスターチ 30g
〈フィリング〉
バター 40g
粉砂糖 80g
バニラエクストラクト ....少々
ラズベリージャム 50g
〈仕上げ用〉
粉砂糖 ....適量

PREPARATION

・生地とフィリングのバターは室温で、すっと指が入る程度のやわらかさに戻します。
・オーブンは170℃に予熱します。

RECIPE

1. 生地を作ります。バターをボウルに入れてホイッパーでやわらかく練り、粉砂糖とバニラエクストラクトを加えてよくすり混ぜます。薄力粉とコーンスターチを合わせてふるい入れ、粉が見えなくなる程度にゴムべらで軽く混ぜ合わせます。
◎バターがかたすぎると2で絞り出せないので注意。
2. 大きめの星口金をつけた絞り出し袋に1を入れ、オーブンシートの上に直径5cmほどの円形に20個絞り出します。きれいな形に焼きあがるよう、オーブンシートごと冷凍庫（または冷蔵庫）で10分ほど冷やします。そのまま天板にのせ、170℃のオーブンで14～16分、ふちに軽く焼き色がつく程度まで焼き、天板ごとそのまま完全に冷まします。
3. フィリングを作ります。バターをボウルに入れてゴムべらでやわらかく練り、さらに粉砂糖とバニラエクストラクトを加えて軽く練ります。これをハンドミキサーでふんわりするまで攪拌し、小さめの星口金をつけた絞り出し袋に入れます。
4. 2の裏面にラズベリージャムを小さじ1ほどのせ、もう1枚には3を絞り出してサンドします。粉砂糖をふりかけたら出来あがり。

▷保存は冷蔵庫で。少し室温に戻してからいただくと本来の繊細な口どけが楽しめます。

WELSH CAKES
ウエルッシュケーキ

その名のとおり、イギリスのウエールズ地方発祥のお菓子。
伝統的には、グリドルあるいはベイクストーンと呼ばれる丸く平たい鉄板で焼いて作ります。
でも、もちろん厚手のフライパンやホットプレートでも大丈夫。
飾らない素朴なお菓子が多いウエールズのお菓子は、毎日のおやつにぴったりです。

INGREDIENTS［直径5.5cmの菊型×約18個分］

A
- 薄力粉 225g
- ベーキングパウダー 小さじ2
- 塩 ....ひとつまみ

バター 100g

B
- グラニュー糖 60g
- カランツ 30g

C
- 卵 ....½個
- 牛乳 ....30～40mℓ
  （卵と合わせて60mℓにする）

〈仕上げ用〉
グラニュー糖 ....適量

PREPARATION

・バターは1cm角に切って冷やします。
・Cは合わせて60mℓになるよう牛乳で調整します。

RECIPE

1. Aを合わせてボウルにふるい入れ、バターを加えます。指先をこすり合わせながら粉の中でバターの粒を小さくしていき、全体をさらさらのパン粉状にします。
2. Bを加えてざっと混ぜたら、合わせたCを加えて生地をひとつにまとめます。軽く打ち粉（分量外）をふって、めん棒で厚さ8mm程度にのばし、型で抜きます。
3. グリドルまたは厚手のフライパンに植物油（分量外）を薄く塗って温め、2を並べて弱火で片面5～7分ずつ、きれいな焼き色がつくまで焼きます。温かいうちに両面にグラニュー糖をまぶして出来あがり。
   ◎焼け具合のチェックは、側面を触ってしっかり固まっていればOKです。

▷そのままでも十分おいしいですが、ウエールズ風にバターをたっぷり塗っていただくのもおすすめです。

EMPIRE BISCUITS
エンパイアビスケット

薄いショートブレッドでラズベリージャムをサンドした、スコットランド生まれのビスケット。
「German Biscuits」と呼ばれていたのが、世界大戦を機に愛国心をそそる現在の名称「Empire（帝国）Biscuits」と呼ばれるようになりました。
ドレンチェリーの代わりにカラフルなゼリー菓子をのせることもあり、スコットランドの子どもたちに人気があります。

INGREDIENTS ［直径6.5cmの菊型×約8個分］

バター 120g
粉砂糖 60g
塩 ....ひとつまみ
薄力粉 180g
バニラエクストラクト ....少々
〈アイシング〉
粉砂糖 80g
水 小さじ3
レモン果汁 ....2～3滴

ラズベリージャム ....大さじ3～4
ドレンチェリー 4個

PREPARATION

・ドレンチェリーは洗って半分に切り、水けを拭き取ります。
・バターは室温に戻します。
・天板にオーブンシートを敷きます。
・オーブンは170℃に予熱します。

RECIPE

1. ボウルにバターを入れてゴムべらで軽く練り、粉砂糖と塩を加えてすり混ぜます。薄力粉をふるい入れ、バニラエクストラクトを加えて混ぜ、生地をまとめます。ラップで包んで30分ほど冷蔵庫で休ませます。
2. めん棒で厚さ3㎜にのばし、型で16個抜きます。ここで10分ほど冷蔵庫（または冷凍庫）で冷やすと、型崩れが防げます。天板に並べ、170℃のオーブンで13～15分焼いて冷まします。
3. アイシングを作ります。ボウルに粉砂糖をふるい入れ、水とレモン果汁を加えてゆっくりたれるくらいのかたさにします。
4. 2の裏面にラズベリージャムを小さじ1ほどのせてのばし、もう1枚でサンドします。表面に3をスプーンで丸くのばし、ドレンチェリーをのせ、固まるまでおけば出来あがり。

▷3でアイシングにレモン果汁を少し加えることで、固まりやすくなります。

68 SAVOY CAKES
69 SHORTBREAD

SHORTBREAD
ショートブレッド

スコットランド女王メアリー（在位1542～67年）も愛したショートブレッド。
お気に入りは、キャラウエイシード入りのペチコートテイル（円形を放射状にカットしたスタイル）だったとか。
今でこそ日常のお茶のお供となったショートブレッドですが、
当時は非常に高価だったため、結婚式やクリスマス、新年などお祝いの場で食べるものでした。
今でもスコットランドでは、新年最初の来客「First foot」にふるまうしきたりが残っています。
ショートブレッドのShortは「もろくサクサクとした」という意味。
手作りすれば、バターの風味もサクサク具合も市販品とは段違い。
ティータイムが待ち遠しくなること間違いなしです。

INGREDIENTS ［直径21cmのタルト型×1台分］

バター 115g
グラニュー糖 55g
塩 .... 小さじ¼
薄力粉 145g
上新粉 30g
〈仕上げ用〉
グラニュー糖 .... 適量

PREPARATION

・バターは室温に戻します。
・型にやわらかくしたバター（分量外）を塗ります。
・オーブンは160℃に予熱します。

RECIPE

1. ボウルにバターを入れてゴムべらで軽く練り、グラニュー糖と塩を加えてすり混ぜます。薄力粉と上新粉を合わせてふるい入れ、ゴムべらでバターのかたまりを小さく切るように混ぜながらまとめます。
2. ラップの上に取り出してもう1枚のラップで挟み、めん棒で直径21cmにのばします。型に移して端までしっかり敷き込み、ナイフで12等分に切り込みを入れます。表面に竹串で穴をあけ、ふちに好みでフォークか指で飾りをつけて、型ごと冷凍庫で10分ほど冷やします。
3. 160℃のオーブンで35分ほど焼き、オーブンから出したらすぐに切り込み線に沿ってナイフを入れます。グラニュー糖をふり、完全に冷めたら型をはずして出来あがり。

▷フードプロセッサーで作る場合は、1ですべての材料をフードプロセッサーに入れ、さらさらの状態になるまで攪拌します。ひとかたまりになるまでさらに攪拌し、2と同様に型に敷き込んで焼きます。
▷2の最後に冷凍庫で冷やすことで、焼きあがりに模様がきれいに残ります。

DIGESTIVE BISCUITS
ダイジェスティブビスケット

全粒粉入りのザクザクとした食感とほのかにきいた塩けが後を引く「ダイジェスティブビスケット」。
スコットランドのビスケットブランド、マクヴィティが
このビスケットを生み出したのは1892年のこと。
もともとは原料に含まれる重曹が「消化を助ける＝ダイジェスティブ」という意味で名づけられました。
それから130年余、今も不動の人気を誇る国民的ビスケットです。
生地を寝かせる必要もなく、簡単に出来るので、スーパーに買いに走るよりも作るほうが早いかも。
余裕があるときは、チョコがけも楽しいですよ。

INGREDIENTS ［直径6cmの丸型×約18枚分］

A
- 全粒粉 165g
- 重曹 小さじ1/4
- シナモンパウダー 小さじ1/6
- 塩 小さじ1/4
- きび砂糖 50g

バター 60g
牛乳 ....大さじ1〜2

PREPARATION

- バターは1cm角に切って冷やします。
- 天板にオーブンシートを敷きます。
- オーブンは170℃に予熱します。

RECIPE

1. Aを合わせてボウルにふるい入れ、バターを加えます。指先をこすり合わせながら全体をさらさらのパン粉状にします。
2. 牛乳を加えてゴムべらで混ぜ、手で生地をひとつにまとめます。
3. 打ち粉（分量外）をふった台に取り出し、めん棒で厚さ4mmにのばして型で抜きます。天板に並べ、竹串で表面に穴をあけます。
4. 170℃のオーブンで14分ほど焼き、粗熱をとります。

▷湯せんで溶かしたチョコレートをビスケットの裏側に刷毛で塗れば、チョコレートダイジェスティブに。

COLUMN NO.2

ビスケットのお話

「ポケットの中にはビスケットが1つ、ポケットを叩くとビスケットが2つ。そんな不思議なポケットがほしい、そんな不思議なポケットがほしい♪」

子どもの頃、大好きだった歌。大人になった今もこんなポケットがほしくてたまりませんが、これがイギリスなら、叩くのはポケットではなく「ビスケット缶」になっているかも。

一家に1つはあるビスケット缶。なくなりそうになったら必ず補充され、ある意味いつも満たされている不思議なポケットのよう。イギリスでは家庭のティータイムにはもちろん、学校でも職場でもマグカップの隣にはいつもビスケットがあります。イギリスの老舗ビスケットブランド、マクヴィティ調べによると、99.2%の家庭がビスケットを毎年購入しており、1週間当たり1人平均19枚、年間983枚も食べているのだとか。

日本で「ビスケット」というと、頭に浮かぶのはいわゆるシンプルなマリービスケット系ですが、イギリスでいうそれはもっと広範囲。たとえばチョコレートクリームサンドやジャムサンドタイプもビスケットですし、チョコチップクッキーやマカロンのようなものもビスケット。手でつまめる乾いた小さな焼き菓子は、みんなビスケットと呼んでも差しつかえないくらいです。

そしてイギリス人は、この乾いたビスケットを紅茶にひたして食べるのが大好き！ そもそもイギリスビスケットは、海軍のために作られた長期保存用の乾パンのようなものが始まりといわれており、それは液体にひたしてからでないと食べられないほどかたいものでした。その後、卵や砂糖を入れて作るもっと軽いフィンガービスケットが登場しますが、それらも食後にワインなどにひたして食べるのが主流だったそう。そして産業革命を経て大量生産が可能になると、現在のようなお茶のお供としてのビスケットが庶民の生活必需品になるほどに広がっていくのです。

ちなみに「紅茶にダンクして（＝ひたして）食べるならどのビスケットがいちばん好きか?」という調査で、ここ数年1位を死守しているのが、「チョコがけのダイジェスティブビスケット」。紅茶の中で崩れない程度の、計算された絶妙なひたし具合が人それぞれあるそう。近頃、まじめに「ダンクに適したビスケットはどれか」という実験が行われ、プレーンなダイジェスティブは熱い紅茶に2回ひたしただけで崩れるのに対して、チョコがけダイジェスティブは8回もダンクに耐える、という結果に。なるほど、さすがダンクのエキスパートたち、だてにチョコがけダイジェスティブを選んでいるわけではないようです。

ここではとうてい語り尽くせない、イギリス人のビスケット愛。100年以上も変わらず愛され続けるロングセラーのビスケットが多いことからも、その愛着の深さがうかがい知れますね。「あなたのいちばんお気に入りのビスケットは何ですか?」この質問に即答できるイギリス人って、やっぱりすごい。

CHAPTER 2

Cakes

ケーキ

イギリスの「ケーキ」は日本のそれよりずっとカジュアル。「焼き菓子」という表現のほうがぴったりくるかもしれません。ふわふわよりはどっしり、でも重くない。そして何より紅茶にぴったり。お気に入りが見つかりますように！

VICTORIA SANDWICH
ヴィクトリアサンドイッチ

イギリスにおける、日本のショートケーキ的存在がこのヴィクトリアサンドイッチ。
バターに砂糖、小麦粉と、すべて同量ずつ順繰りに混ぜていくこのスポンジは、
イギリスの「スポンジケーキ」のベースとなるものです。
最愛の夫アルバート公を早くに失い、失意にあったヴィクトリア女王を慰めたといわれるこのケーキ。
元気のない友達がいたら、このケーキを焼いてお茶に誘ってみましょうか。
ここではフィリングにバタークリームアイシングをサンドしましたが、本来はラズベリージャムだけでもOK。
スペシャルなときには生クリームとフレッシュないちごをサンドしてもいいし、
普段のお茶からバースデーパーティーまで、
とにかくイギリスではなくてはならない、大切な大切なケーキなのです。

INGREDIENTS ［直径20cmのサンドイッチティン（or直径20cmの丸型）×2台分］

〈スポンジ〉
バター 225g
グラニュー糖 225g
卵 4個
A | 薄力粉 225g
　| ベーキングパウダー 小さじ2
牛乳 大さじ2
〈フィリング〉
バター 60g
粉砂糖 120g
牛乳 小さじ2
ラズベリージャム ....大さじ4〜5
〈仕上げ用〉
粉砂糖 ....適量

PREPARATION

・スポンジとフィリングのバターは室温に戻します。
・卵は室温に戻して溶きほぐします。
・型の内側にそれぞれ薄くバター（分量外）を塗って、側面に強力粉（分量外）をはたき、底にオーブンシートを敷きます。
・オーブンは170℃に予熱します。

RECIPE

1. スポンジを作ります。ボウルにバターを入れ、グラニュー糖を数回に分けて加えながら、白っぽくふんわりするまでホイッパーでよく混ぜます。溶き卵を少しずつ加えながら、さらによく混ぜます。
2. Aを合わせてふるい入れ、ゴムべらで軽く混ぜます。まだ粉が見えるうちに牛乳を加え、粉っぽさがなくなり、なめらかな生地になるまで混ぜます。2台の型に等分に入れ、それぞれまん中を少しくぼませるようにならします。
3. 170℃のオーブンで約25分焼き、まん中を押して弾力があれば焼きあがり。粗熱がとれたら型から出し、網の上で冷まします。
4. フィリングを作ります。ボウルにバターを入れ、ふるった粉砂糖と牛乳を加え、ゴムべらでなめらかになるまで混ぜます。さらに、ハンドミキサーで攪拌して軽いクリーム状にします。
5. 3が冷めたら、1枚に4を塗り、その上にラズベリージャムを広げます。もう1枚を重ねてサンドしたら、表面に粉砂糖をふって完成。

▷1台の型で焼いて厚みを半分にスライスしようと思うと、まん中がふくらみすぎてバランスが悪くなりがち。同じ型を2台用意して、同時に焼いてみましょう。焼き時間短縮＆カットの手間なし、となかなか合理的ですよ。

SANDERSONS

CARROT CAKE
キャロットケーキ

子どもから大人まで、甘いもの好きからヘルシー志向の人まで、
こんなにファン層の広いケーキはほかに思いつかないほど、イギリスで愛されているケーキ。
中世から人々はその甘さに着目し、にんじんをプディングに入れていましたが、
その名残のように今もクリスマスプディングににんじんを入れる人が少なくありません。
お砂糖がまだまだ庶民にとって高価な時代から、戦時下の食糧難の時代まで、
ケーキ作りの貴重な甘味料として活躍してきたにんじん。
それぞれにお気に入りのレシピがあるキャロットケーキですが、
スパイスのきいた深い味わいがお好きなら、自信をもっておすすめできるとっておきのレシピです。

INGREDIENTS ［直径20㎝のサンドイッチティン（or 直径20㎝の丸型）×2台分］

卵 2個
ブラウンシュガー 150g
植物油（ひまわり油など） .... 120㎖
A｜薄力粉 200g
　｜ベーキングパウダー、重曹 各小さじ1
　｜ミックススパイス 小さじ2
にんじん（皮をむく） 200g
B｜オレンジの皮（すりおろし） 1個分
　｜オレンジの果汁 大さじ3
　｜サルタナレーズン 50g
　｜くるみ（みじん切り） 50g
〈フロスティング〉
バター 50g
粉砂糖 50g
クリームチーズ 125g
レモン果汁 .... 小さじ2〜3
〈トッピング〉
くるみ（刻む） .... 適量

PREPARATION

・にんじんはグレーター（チーズおろし）でおろします。
・型の内側にそれぞれ薄くバター（分量外）を塗って、側面に強力粉（分量外）をはたき、底にオーブンシートを敷きます。
・オーブンは170℃に予熱します。

RECIPE

1. ボウルに卵とブラウンシュガーを入れて、ハンドミキサーでふんわりするまで2〜3分攪拌します。植物油を加えてさらに軽く混ぜます。
2. Aを合わせてふるい入れ、にんじんとBを加え、粉が見えなくなるまでゴムべらで混ぜます。2台の型に等分に入れ、それぞれ表面をならします。
3. 170℃のオーブンで約30分焼き、まん中に竹串を刺して、生焼けの生地がついてこなければ焼きあがり。型からはずして冷まします。
4. フロスティングを作ります。ボウルにバターを入れてゴムべらで練り、粉砂糖を加えてなめらかにします。クリームチーズとレモン果汁を加え、ハンドミキサーでふんわりするまで攪拌します。
5. 3が冷めたら、1枚に4の⅓量を塗り、もう1枚を重ねてサンドします。その上に残りの4を広げ、くるみをちらして出来あがり。

▷直径20㎝の丸型1台で作る場合は、3で170℃のオーブンで約50分焼き、冷めたら厚さを半分にします。

LEMON DRIZZLE CAKE
レモンドリズルケーキ

「Drizzle（ドリズル）」とは、「小雨がしとしと降る」というような意味。
レモンの香りのスポンジに、甘酸っぱいレモンのシロップを雨のようにしっとりしみ込ませるので
この名があります。シロップが中までよくしみ込むようにと、スポンジが熱々のうちに
竹串などでぷすぷすといっぱい穴をあけてあげるのが、イギリスらしいところ。
このケーキは、"すべての材料をボウルに入れたらあとは混ぜるだけ"という超お手軽レシピ。
All-in-one（オールインワン）と呼ばれるメソッドです。
イギリスでいちばん最初に友人に教わった、思い出深いケーキ。
イギリスのお菓子作りは肩の力を抜いていいんだよ、そうこのケーキは教えてくれます。

INGREDIENTS ［2パウンドローフ型（or約21×11㎝のパウンド型）×1台分］

〈スポンジ〉
A | 薄力粉 175g
  | ベーキングパウダー 小さじ2
バター 125g
グラニュー糖 150g
卵 2個
牛乳 大さじ4
レモンの皮（すりおろし）....1個分
〈レモンシロップ〉
粉砂糖 125g
レモン果汁 ....1個分（約40㎖）

PREPARATION

・バターは室温で、すっと指が入る程度のやわらかさに戻し、残りの材料もすべて室温に戻します。
・型にオーブンシートを敷きます。
・オーブンは170℃に予熱します。

RECIPE

1. スポンジを作ります。Aを合わせてボウルにふるい入れ、残りのスポンジの材料をすべて加えます。ハンドミキサーまたは木のスプーンで全体が均一でなめらかになるまでよく混ぜます。
2. 型に流し入れ、170℃のオーブンで約50分焼きます。
3. 焼いている間にレモンシロップを作ります。ボウルに粉砂糖をふるい入れ、レモン果汁を加えて砂糖が溶けるまでよく混ぜます。
4. 2が焼きあがったら、すぐに竹串で全体にたくさん穴をあけ、熱いうちに3を刷毛でたっぷりしみ込ませて出来あがり。冷めて表面がパリッと固まったらいただきます。

▷スポンジの材料をすべてボウルに入れて混ぜる作り方では、あらかじめバターをかなりやわらかくしておくことが大切です。

COURGETTE CHOCOLATE CAKE
ズッキーニチョコレートケーキ

イギリスでは、ズッキーニを courgette（コジェット）と呼びます。
水分をたっぷり含んだせん切りのズッキーニを
これでもかとたっぷり入れるケーキは、しっとり感が長く続きます。
ほかの野菜系ケーキと同じく、バターの代わりに植物油を入れるので軽い仕上がりです。
ヘルシー志向のカフェやファームショップ併設のティールームなどで人気のメニュー。
言ってみれば、キャロットケーキのズッキーニバージョン。
夏にあっさりしたチョコレートケーキが食べたいな、そんなときにおすすめのケーキです。

INGREDIENTS ［2パウンドローフ型（or約21×11㎝のパウンド型）×1台分］

ズッキーニ 225g
チョコレート 50g
卵 2個
ブラウンシュガー 130g
植物油（ひまわり油など） .... 80㎖
ラム酒 大さじ1
A | 薄力粉 160g
ココアパウダー 40g
ベーキングパウダー 小さじ2
塩 .... ひとつまみ

PREPARATION

・型にオーブンシートを敷きます。
・オーブンは170℃に予熱します。

RECIPE

1. ズッキーニは余分な水分が出ないよう、グレーター（チーズおろし）でおろしてペーパータオルにのせ、軽く水けをきります。チョコレートは細かく刻みます。
2. ボウルに卵とブラウンシュガーを入れ、ハンドミキサーでふんわりするまで2〜3分混ぜます。植物油とラム酒を加えてさらに混ぜます。
3. Aを合わせてふるい入れ、1のズッキーニとチョコレートを加えて、粉が見えなくなるまでゴムべらで混ぜ合わせます。
4. 型に流し入れ、170℃のオーブンで50分ほど焼いたら出来あがり。

▷湯せんで溶かしたチョコレート50gに、植物油小さじ1を加えて混ぜ、仕上げにケーキの上からかけると豪華になります。

COFFEE & WALNUT CAKE
コーヒー&ウォルナッツケーキ

その名のとおり、コーヒーと刻んだくるみがたっぷり入ったケーキ。
スポンジもクリームもコーヒー味なのに妙に紅茶に合うせいか、イギリスでは不動の人気を誇っています。
バター、砂糖、小麦粉が同量ずつ入る、いつものぐるぐる混ぜるだけのイギリス的スポンジ生地は、
軽すぎずほどよいテクスチャー。甘みの中に2つの素材の苦味が絶妙に合わさった味わいは、
一度食べると、無性にまた食べたくなる危険なケーキです。
このケーキを作るためだけにインスタントコーヒーを常備したくなりますよ。

INGREDIENTS［直径20cmのサンドイッチティン(or直径20cmの丸型)×2台分］

〈スポンジ〉
バター....225g
グラニュー糖....225g
卵....4個
A | 薄力粉....225g
　| ベーキングパウダー....小さじ2
コーヒー液
| インスタントコーヒー
| ....大さじ1½+湯大さじ1
くるみ(細かく刻む)....50g
〈コーヒーバタークリームアイシング〉
バター....100g
粉砂糖....200g
コーヒー液
| インスタントコーヒー
| ....小さじ2+湯小さじ2
〈トッピング〉
くるみ.... 8〜10個

PREPARATION

・スポンジとアイシングのバターは室温に戻します。
・卵は室温に戻して溶きほぐします。
・型の内側にそれぞれ薄くバター(分量外)を塗って、側面に強力粉(分量外)をはたき、底にオーブンシートを敷きます。
・オーブンは170℃に予熱します。

RECIPE

1. スポンジを作ります。ボウルにバターを入れ、グラニュー糖を数回に分けて加えながら、白っぽくふんわりするまでホイッパーでよく混ぜます。溶き卵を少しずつ加えながら、さらによく混ぜます。
2. Aを合わせてふるい入れ、ゴムべらで軽く混ぜます。まだ粉が見えるうちにコーヒー液とくるみを加え、粉っぽさがなくなるまでよく混ぜます。2台の型に等分に入れ、それぞれまん中を少しくぼませるようにならします。
3. 170℃のオーブンで約25分焼き、まん中を押して弾力があれば焼きあがり。粗熱がとれたら型から出し、網の上で冷まします。
4. コーヒーバタークリームアイシングを作ります。ボウルにバターを入れ、ふるった粉砂糖とコーヒー液を加え、ゴムべらでなめらかになるまで混ぜます。さらに、ハンドミキサーで攪拌して軽いクリーム状にします。
5. 3が冷めたら、1枚に4の半量を塗り、もう1枚を重ねてサンドします。その上に残りの4を広げ、くるみを飾って出来あがり。

▷直径15cmの丸型で作りたいときは、材料を半量にして、焼き時間は20分ほどで一度チェックをしてみてください。

DORSET APPLE CAKE
ドーセットアップルケーキ

イングランド南西部、デヴォンやコーンウォール、ドーセットやサマセットあたりは
まとめてウエストカントリーと呼ばれるため、「ウエストカントリーアップルケーキ」とも称されます。
各家庭ごとにご自慢のレシピがあるようですが、
共通点はとにかく名産品のりんごをこれでもかと入れること。
軽く香るスパイス、フレッシュなりんご、生地とが一体になると、それは足し算以上のおいしさ。
翌日の全体がほどよくなじんだ頃も最高ですが、オーブンから出して粗熱がとれた頃に、
お隣コーンウォールやデヴォン名物のクロテッドクリームやアイスクリームを添えて
プディングとしていただけば、気分はもうすっかりドーセットのティールームです。

INGREDIENTS ［直径20cmの丸型×1台分］

バター 165g
ブラウンシュガー 100g
きび砂糖 100g
卵 3個
A
- 薄力粉 210g
- アーモンドパウダー 50g
- ベーキングパウダー 小さじ2
- ミックススパイス ....小さじ½
- シナモンパウダー ....小さじ½

牛乳 大さじ2
りんご（皮と芯を除く）....300g（正味）
デメララシュガー 大さじ2

PREPARATION

・バターと卵は室温に戻し、卵は溶きほぐします。
・りんごは5mm角に切ります。
・型の底と側面にオーブンシートを敷きます。
・オーブンは170℃に予熱します。

RECIPE

1. ボウルにバターを入れ、ブラウンシュガーときび砂糖を数回に分けて加えながら、ホイッパーまたはハンドミキサーでよくすり混ぜます。白っぽくふんわりしてきたら、溶き卵を少しずつ加えながらさらに混ぜます。
2. Aを合わせてふるい入れ、ゴムべらで軽く混ぜます。まだ粉が見えるうちに牛乳とりんごを加え、全体がなめらかになるまで混ぜたら生地の完成。
3. 型に流し入れ、デメララシュガーを表面にふりかけ、170℃のオーブンで60～70分じっくり焼きます。まん中に竹串を刺して、生焼けの生地がついてこなければ焼きあがり。

TREACLE GINGERBREAD
トリークルジンジャーブレッド

イギリスでは昔から、祝祭日やフェア(お祭り)と結びついてきたジンジャーブレッド。
地方ごとに独特のジンジャーブレッドが存在しますが、
地方を問わずイギリス中で親しまれているのが、このスポンジタイプのジンジャーブレッド。
ちょっと苦味のきいた、黒蜜のような味わいのブラックトリークルをたっぷり入れるおかげで、
どこまでもしっとり、そしてほっとするジンジャーの香り。
寒い冬、ミルクティーとともにいただけば、おなかの中からぽかぽか温まりそう。
おばあちゃんのおうちで戸棚の中から出てくるご自慢のジンジャーブレッドは、こんなタイプ。
日もちもするので、時間のあいた週末におやつを作っておこうかな、そんなときにぴったりです。

INGREDIENTS [直径18cmの丸型×1台分]

A
- 薄力粉 145g
- ベーキングパウダー、重曹 各小さじ1/2
- ジンジャーパウダー 小さじ1/2
- シナモンパウダー、ミックススパイス 各小さじ1/4

グラニュー糖 110g

B
- バター 60g
- ブラックトリークル 120g

牛乳 125mℓ
卵 1個

〈アイシング〉(好みで)
粉砂糖 80g
ジンジャーパウダー .... ひとつまみ
水 小さじ3
ジンジャーの砂糖漬け(あれば/粗く刻む) .... 少々

PREPARATION

- 卵は溶きほぐします。
- 型の底と側面にオーブンシートを敷きます。
- オーブンは160℃に予熱します。

RECIPE

1. Aを合わせてボウルにふるい入れ、グラニュー糖を加えてざっと混ぜます。
2. 小鍋にBを入れて中火にかけ、混ぜながら加熱し、バターが溶けたら火からおろして牛乳を加えます。溶き卵を加えてムラなく混ぜたら1に流し入れ、粉が見えなくなるまでホイッパーで混ぜ合わせます。
3. 型に流し入れ、160℃のオーブンで約45分焼き、粗熱がとれたら型から出して冷まします。密閉容器に入れて室温で休ませ、翌日以降、表面がぺたっとしてきたら食べ頃です。
4. 好みでアイシングを作ります。ボウルに粉砂糖をふるい入れ、ジンジャーパウダーと分量の水を加えて練り、ゆっくり流れるくらいのかたさにします。3の表面に広げ、あればジンジャーの砂糖漬けをのせて完成。
◎アイシングがゆるければ粉砂糖、かたいようなら水を加えて調節します。

▷アイシングは焼きあがった生地を休ませたあと、召し上がる当日にかけるのがおすすめです。

CHOCOLATE GUINNESS CAKE
チョコレートギネスケーキ

ギネスはアイルランド生まれの黒ビール。
クリーミーな泡とまっ黒でなめらかな味わいのギネスは、イギリスのパブでも人気のスタウトです。
ポーターと呼ばれるビールとドライフルーツをたっぷり入れた
「Porter cake（ポーターケーキ）」がビール入りのケーキとしては古株ですが、
このチョコレートギネスケーキもまだまだ新顔ながら、カフェやティールームでひっぱりだこ。
黒ビールとココアの苦味がいい感じに混じり合い、味に深みを出しています。
まるでギネスの泡のようなクリームチーズのフロスティングもじつにしっくり。
「ビールのケーキよ」、そう言えば甘いものが苦手な男性も手をのばしてくれそう。

INGREDIENTS ［直径18cmの丸型×1台分］

バター 100g
ギネス（黒ビール）....125mℓ
ココアパウダー 40g
グラニュー糖 150g

A
- 卵 1個
- プレーンヨーグルト 70mℓ
- バニラエクストラクト ....少々

B
- 薄力粉 140g
- ベーキングパウダー、重曹 ....各小さじ½

〈フロスティング〉
バター 40g
粉砂糖 60g
クリームチーズ 80g

〈トッピング〉
チョコレート（削る）....適量

PREPARATION

・型の底と側面にオーブンシートを敷きます。
・オーブンは170℃に予熱します。

RECIPE

1. 鍋にバターとギネスを入れて中火にかけ、バターが溶けたら火からおろします。ココアパウダーとグラニュー糖を合わせてふるい入れ、ホイッパーでかき混ぜます。Aを混ぜ合わせて加え、さらに混ぜます。
2. Bを合わせてボウルにふるい入れ、1を加えてホイッパーで全体がなめらかになるまで混ぜます。
3. 型に流し入れ、170℃のオーブンで約45分、表面に弾力が出るまで焼きます。粗熱がとれたら型から出し、網の上で冷まします。
4. フロスティングを作ります。ボウルにバターを入れてゴムべらで練り、粉砂糖を加えて混ぜます。クリームチーズを加え、なめらかになるまで混ぜ、さらにハンドミキサーでふんわりするまで攪拌します。3の上に塗って、チョコレートを飾れば出来あがり。

▷小さくカップケーキサイズにするのもおすすめです。カップケーキなら焼き時間は170℃で20～25分にしてください。

POTTED DICK
& CUSTARD

MARMALADE TEA BREAD
マーマレードティーブレッド

ティーブレッドは、「ティーローフ」とも呼ばれるローフ型で焼いた
甘み、油脂分控えめのあっさりとしたケーキのこと。
紅茶が入っているわけでも、食事のときに食べるbread（パン）でもありません。
ヴィクトリアサンドイッチ（p.40）のように、バターをクリーム状にして
次々と材料を混ぜていくこともありますが、
今回のようにrub-in（p.69の1）して作るのが昔ながらのやり方。
そして、たっぷりバターを塗って食べるのがイギリス流。
「ケーキにバター？」といぶかしがることなかれ。
ティータイムのプロたちの作法、真似てみる価値はあります。

INGREDIENTS ［2パウンドローフ型（or約21×11cmのパウンド型）×1台分］

A
- 薄力粉 225g
- ベーキングパウダー 小さじ2
- ジンジャーパウダー 小さじ1

バター 100g
ブラウンシュガー 75g

B
- マーマレード 100g
- 卵 2個
- 牛乳 75mℓ

〈アイシング〉
粉砂糖 50g
水 小さじ2

PREPARATION

・バターは1cm角に切って冷やします。
・型にオーブンシートを敷きます。
・オーブンは170℃に予熱します。

RECIPE

1. Aを合わせてボウルにふるい入れ、バターを加えます。指先をこすり合わせながら粉の中でバターの粒を小さくしていき、全体がさらさらのパン粉状になったら、ブラウンシュガーを加えて軽く混ぜます。
2. 別の器にBを入れてよく混ぜ合わせ、1に加えます。全体が均一になるまで、ゴムべらで混ぜ合わせます。
3. 型に流し入れて表面を軽くならし、170℃のオーブンで約50分焼きます。粗熱がとれたら型から出し、網の上で冷まします。
4. アイシングを作ります。ボウルに粉砂糖をふるい入れ、分量の水を加えて練り、ゆっくりとたれる程度の濃度にします。3の上にスプーンなどで細くたらすようにかけ、固まったら出来あがり。

▷4でアイシングの水にレモン果汁を数滴加えると早く固まります。好みで加えてもいいでしょう。
▷薄めにカットして、お好みでバターを添えて召し上がれ。

DATE & WALNUT LOAF
デーツ＆ウォルナッツローフ

中近東はじめ暑い国でとれるイメージのデーツですが、
古くから諸外国と貿易が盛んだったイギリスでは、ほかのドライフルーツ同様、
日常のお菓子にデーツはよく取り入れられてきました。
そのしっとりと生地になじむやさしい自然な甘みは、どこか和菓子にも通じる懐かしい味わい。
デーツにくるみを挟むだけのお茶菓子があるくらい、
ベストコンビネーションのこの組み合わせは、ローフ型ケーキの大定番です。
イギリス流に、薄めにスライスしてバターをたっぷり塗っていただきましょう。
「あんバター」のような味わいが、紅茶にベストマッチです。

INGREDIENTS ［2パウンドローフ型（or約21×11cmのパウンド型）×1台分］

デーツ（種抜き）....200g
熱湯....150mℓ
重曹....小さじ½
A
- 薄力粉....200g
- ベーキングパウダー....小さじ1½
- シナモンパウダー....小さじ½

ブラウンシュガー....90g
バター....55g
卵....1個
くるみ（粗く刻む）....50g

PREPARATION

・バターは室温で、すっと指が入る程度のやわらかさに戻します。
・型にオーブンシートを敷きます。
・オーブンは170℃に予熱します。

RECIPE

1. デーツは小さく刻み、分量の熱湯、重曹とともに鍋に入れて火にかけます。1〜2分ほど静かに煮立たせたら火を止めて、そのまま冷まします。
2. Aを合わせてボウルにふるい入れ、1とブラウンシュガー、バター、卵を加え、ハンドミキサーまたは木のスプーンで均一になるまで攪拌します。最後にくるみを加えて軽く混ぜれば、生地の完成です。
3. 型に流し入れ、170℃のオーブンで50分ほど焼きます。

▷バターがかたいとなめらかな生地になりません。準備で必ずやわらかくしておきましょう。

ENGLISH MADELEINES
イングリッシュマドレーヌ

フランスのバター香るおしゃれなシェル型のマドレーヌに対し、
素朴であかぬけない田舎の女の子のような、イギリスのマドレーヌ。
今でこそイギリスでもマドレーヌといえばシェル型が主流ですが、
もともとはこちらのまっ赤なチェリーがのったものを指していました。
ベースはいつものイギリス風スポンジですが、思いのほか軽く、とっても上品な口どけ。
ココナッツの風味とジャムの酸味も加わり、フランスのマドレーヌにも負けていません。
茶色一色のお菓子が多いなか、野に咲く小さなお花のように
テーブルにぽっとイギリスらしいかわいらしさをプラスしてくれます。

INGREDIENTS ［口径5cmのダリオール型(orプリン型)×10個分］

バター 120g
グラニュー糖 90g
卵 2個
バニラエクストラクト ....少々
A | 薄力粉 120g
　| ベーキングパウダー 小さじ1
湯 大さじ1
〈仕上げ用〉
B | アプリコットジャム 大さじ5
　| レモン果汁、水 各小さじ2
ココナッツファイン 約50g
ドレンチェリー(半分に切る) 5個

PREPARATION

・バターと卵は室温に戻し、卵は溶きほぐします。
・型の内側にやわらかくしたバター(分量外)を塗り、強力粉(分量外)を薄くはたきます。
・オーブンは170℃に予熱します。

RECIPE

1. ボウルにバターを入れて軽く練り、グラニュー糖を数回に分けて加えながら、白っぽくなるまでホイッパーでよく混ぜます。溶き卵を少しずつ加えながらさらによく混ぜ、バニラエクストラクトを加えます。
2. Aを合わせてふるい入れ、ゴムべらで粉っぽさがなくなるまで混ぜます。最後に分量の湯を加え、へらからぽたりと落ちるくらいのかたさになれば生地の完成。
3. 型の6分目くらいまで流し入れ、170℃のオーブンで約20分焼きます。粗熱がとれたら型からはずし、ふくらみすぎた底の部分をカットして、まっすぐ立つように形を整えます。
4. 小鍋にBを入れて弱火で軽く温め、塗りやすいかたさにゆるめます。3のカットした側にフォークを刺して刷毛でジャムを全体に塗り、ココナッツファインをまぶします。ドレンチェリーをのせれば出来あがり。

▷材料Bのジャムは、ラズベリージャム(種なし)でもおいしくできます。
▷2で湯を入れるのは生地をゆるめるため。暑い季節など生地がすでにやわらかければ省略してかまいません。
▷3で生地を型に入れる際、絞り袋に入れて絞るときれいに入ります。

COLUMN

NO.3

エルダーフラワーのお話

イギリスで迎えた初めての初夏。花も木々も水辺も空気も、果ては人までも、すべてのものが生き生きして、これは冬とは随分な違いだわと驚いていた6月のある日。「エルダーフラワーのシャンパンを造りましょう」と、なんだか魅力的なお誘いが。エルダーフラワー？　シャンパンってぶどうから？「？マーク」いっぱいのまま知り合いの家へ行くと、「さぁ、まずは花を摘みに行くわよ」とかごを持たされ田舎道へ。

「クリーム色の開いたばかりのお花を摘んでね。なるべく上のほうや道から離れている側に咲いているもので、摘んだら、花粉が落ちないよう気をつけて」

5月から6月にかけ、イギリスではエルダーフラワー（西洋ニワトコ）がそこかしこに可憐な花を咲かせています。樹高は大きなものになると10m、よくしなるやわらかい枝からこぼれんばかりに咲く白い花は、手にとるとふわふわの雲のよう。この花で作るコーディアルはマスカットのようなさわやかで芳醇な香りがします。また、同じ頃に実をつけるグーズベリーと組み合わせて、フール（ピュレにしたフルーツをクリームなどと和えたデザート）やジャムを作ったり、面白いところではお花に衣をつけてフリッターにしたりと、さまざまにエルダーフラワーを楽しみます。

「シャンパン」の造り方はと言うと、摘んできたエルダーの花を砂糖水とレモン、ワインビネガーとともに漬け込むこと一昼夜。それをこして瓶に詰め6週間ほどおくと、エルダーの花粉に含まれる酵母の作用で発酵が進み、微炭酸のおいしい飲み物が出来あがります。もちろん、本物のシャンパンとは異なりますが、そのしゅわしゅわ感と、甘いコーディアルとは全然違う大人な香りと味に、シャンパンと呼びたくなるのもうなずけます。

短い夏が過ぎ、風が冷たくなりはじめるイギリスの9月。エルダーの木が今度は紫色に染まります。可憐に咲いていたあの小さな花ひとつひとつがエルダーベリーと呼ばれる濃い紫色の実となり、重そうに頭をたれています。生食には適さない実ですが、加熱してりんごとともにジェリーを作ったり、アップルパイに焼き込んだりとお菓子に使うほか、お花同様、コーディアルやワイ

ンも造ります。深い紫色が美しいコーディアルは、お湯で割って飲むと、のどの痛みを抑えてくれる効果が。

エルダーにはさまざまな言い伝えがありますが、その秘められた力を昔の人たちは、生活の中から感じ取っていたからかもしれません。妖精がすむといわれるエルダーの木は、倒したり、燃やしたりすると悪いことが起きるといわれていますが、玄関のドアのそばに植えると悪魔が家に入るのを阻止してくれるとも。

冬の枯れ枝のような状態から、目覚めたように美しい緑の葉と白い花に覆われる夏、エネルギーを絞りきるかのように深い色に染まる実りの秋というサイクル、またその生長の早さとたくましさをも含めて、輪廻転生を象徴しているともいわれます。

大きくなるのでかなりスペースは必要ですが、思いのほか日本でも育てやすい植物です。苗はネットショップでも手に入りますよ。

エルダーフラワーシャンパンより簡単に作れるコーディアルと、それを使ったレシピは次からをご覧ください。

エルダーフラワーコーディアルの作り方

［作りやすい分量］

RECIPE

1. 鍋にグラニュー糖750gと水750mℓを入れて火にかけ、沸騰したら火を止めます。
2. レモン1個は皮の黄色い部分を薄くそぎ、残りは輪切りにします。
3. 1に2とクエン酸35gを加えて混ぜ、軽く水洗いしたエルダーフラワー（咲きそろってすぐの大きな房）10房分を漬けて、室温に24時間おきます。
4. ガーゼでこし、煮沸消毒した瓶に詰めれば完成。
◎保存は冷蔵庫で約1カ月。それ以上もたせたいときは、清潔なペットボトルに入れて冷凍庫へ。

▷イギリスではノンアルコールのウェルカムドリンクとしてもよく登場します。水または炭酸水で割って、あるいはジンやウォッカを加えてカクテルにしたり、スパークリングワインに少量加えて夏のパーティードリンクとしていただく、という楽しみ方も。

ELDERFLOWER SYLLABUB
エルダーフラワーシラバブ

WITHIN
30 MIN

16世紀に端を発する伝統的なデザート。混ぜるだけであっという間に出来てしまう手軽さも魅力です。

INGREDIENTS ［小さめのグラス×5個分］

A ｜ 生クリーム（乳脂肪分40%以上）....200mℓ
　｜ グラニュー糖 大さじ2
　｜ エルダーフラワーコーディアル*（p.63）....大さじ2

白ワイン（冷やす／甘口）....80mℓ

*市販のエルダーフラワーコーディアルでもOK。

RECIPE

ボウルにAを入れ、7分立てに泡立てます。白ワインを少しずつ加えながらさらに泡立て、全体がふんわりとしたらグラスに入れ、冷蔵庫で冷やします。

ELDERFLOWER & POPPYSEED CAKE
エルダーフラワー＆ポピーシードケーキ

スポンジとアイシング、両方にコーディアルを加え、存分にエルダーフラワーの香りを楽しみます。

INGREDIENTS ［17×27cmの長方形型×1台分］

バター 150g

グラニュー糖 150g

卵 3個

A ｜ 薄力粉 180g
　｜ ベーキングパウダー 小さじ1½

ブルーポピーシード 大さじ1

エルダーフラワーコーディアル*（p.63）
　....大さじ2

〈アイシング〉

粉砂糖 50g

エルダーフラワーコーディアル*、水 各小さじ1

*市販のエルダーフラワーコーディアルでもOK。

PREPARATION

・バターと卵は室温に戻し、卵は溶きほぐします。

・型にオーブンシートを敷きます。

・オーブンは170℃に予熱します。

RECIPE

1. ボウルにバターを入れて軽く練り、グラニュー糖を数回に分けて加えながらホイッパーでよく混ぜます。白っぽくふんわりしてきたら溶き卵を少しずつ加え、さらによく混ぜます。
2. Aを合わせてふるい入れ、ゴムべらで軽く混ぜます。ブルーポピーシードとエルダーフラワーコーディアルも加えて、ムラなく混ぜ合わせたら生地の完成。
3. 型に入れて平らにならし、170℃のオーブンで25分ほど（まん中を押して弾力を感じるくらいまで）焼いたら、網にのせて冷まします。
4. アイシングを作ります。小さなボウルに材料をすべて入れ、ゴムべらで練って塗りやすいかたさに調整します。ケーキの上にスプーンなどで細くたらすようにかけ、固まったら出来あがり。
◎アイシングがゆるければ粉砂糖、かたいようなら水を加えて調節します。

CHAPTER 3

Pastries

ペストリー

パイにタルト、そんな枠を超え、イギリスは甘いものから
お食事系まで魅力的なペストリーにあふれています。ここ
では長く愛されているトラディショナルなお菓子に焦点を
当てています。王道の味をお楽しみください。

BAKEWELL TART
ベイクウェルタルト

Bakewellはイギリス中部の、自然豊かな小さなマーケットタウンの名前。
知らない人が聞いたら「しっかり焼いたタルトのことかしら？」なんて思いかねない名前ですが、
地方生まれのお菓子としては、これほど全国区のものも珍しいほどよく知られたタルトです。
この町の名物にもうひとつ、「ベイクウェルプディング」というものがありますが、
こちらはパフペストリー（パイ生地）の上に、くにゅっとやわらかなフィリングを流し入れて焼いたもの。
山歩きの途中、ベイクウェルの町を訪れる人は
ベイクウェルタルトかプディングか、どちらでほっとひと息つこうか悩むはず。
ここでは老若男女、よりみんなに好まれるやさしい味のタルトをご紹介します。

INGREDIENTS ［直径21㎝のタルト型×1台分］

ショートクラストペストリー（p.69）….全量
〈フィリング〉
バター….80g
グラニュー糖….80g
卵….2個
A｜アーモンドパウダー….80g
　｜薄力粉….20g
アーモンドエクストラクト*….少々

ラズベリージャム….大さじ4
スライスアーモンド….15g

*イギリスで使われるのは、ビターアーモンドの（杏仁のような）香りです。

PREPARATION

・バターと卵は室温に戻し、卵は溶きほぐします。
・Aは合わせてふるいます。
・型に薄くバター（分量外）を塗ります。
・オーブンは180℃に予熱します。

RECIPE

1. ショートクラストペストリーを2㎜くらいの厚さにのばし、型に敷き込みます。フィリングを作る間、冷蔵庫で冷やします。
2. フィリングを作ります。ボウルにバターを入れてゴムべらで軽く練り、グラニュー糖を加えてすり混ぜます。溶き卵、ふるったAを交互に加えながら、全体がなめらかになるまで混ぜます。最後に、アーモンドエクストラクトを加えて混ぜればフィリングの完成。
3. 1の底にフォークで数カ所空気穴をあけ、ラズベリージャムを塗り広げます。その上に2を詰めて平らにし、スライスアーモンドをちらします。オーブンの温度を170℃に下げ、約50分焼きます。

▷直径16㎝のタルト型1台で作る場合は、分量をすべて半量にしてください。
▷3では空焼きをしない分、底をしっかり焼きたいので、途中表面が焦げそうな場合はアルミホイルをかぶせてください。

JAM TARTS
ジャムタルト

「The Queen of Hearts　She made some tarts, All on a summer's day; The Knave of Hearts　He stole the tarts, And took them clean away.」

（ハートのクイーン　タルトを焼いた
ある夏の日に1日かけて
ハートのジャック　タルトを盗んだ
全部きれいに持ち去った）

イギリスの古い童謡のひとつ、「Queen of Hearts」。名作『不思議の国のアリス』にも登場する有名な一節ですが、ここでハートの女王が焼いたのが、このジャムタルトといわれています。
こんなカラフルなタルトがテーブルにあるだけで、アリスのティーパーティー気分が味わえそう。

INGREDIENTS ［直径6～7cmのタルト約20個分］

リッチショートクラストペストリー（p.69）....全量

好みのジャム*....適量

*ここではラズベリーといちご、ブラックカラント、アプリコットの4種類を使用しましたが、1種類だけでもOK。

PREPARATION

・バンティン（タルトレット天板）にバター（分量外）を塗ります。

・オーブンは170℃に予熱します。

RECIPE

1. リッチショートクラストペストリーを2mmの厚さにのばし、バンティン（タルトレット天板）の型よりひとまわり大きな菊型で抜いて型に敷き込みます。底の部分にフォークで数カ所空気穴をあけます。
2. 好みのジャムを小さじ1～2ずつのせて、170℃のオーブンで12～15分、ふちが軽く色づく程度に焼いたら出来あがり。

COLUMN NO.4 基本のショートクラストペストリー

イギリスでは、甘いタルトやセイボリー(塩味)のパイのどちらにも、「ショートクラストペストリー」と呼ばれるペストリーをよく使います。バリエーションとして、作り方はまったく一緒で砂糖と卵を加える「リッチショートクラストペストリー」もお役立ち。これさえおさえれば、甘いタルトからセイボリーパイまでなんでもござれです。

INGREDIENTS ［各作りやすい分量］

●ショートクラストペストリー

A | 薄力粉 200g
  | 塩 ....ひとつまみ

バター 100g

冷水 ....大さじ3～4

●リッチショートクラストペストリー

A | 薄力粉 200g
  | 塩 ....ひとつまみ
  | グラニュー糖 30g

バター 100g

溶き卵 30g

PREPARATION ［2種共通］

・バターは1cm角に切って冷やします。

RECIPE ［2種共通］

1. Aを合わせてボウルにふるい入れ、冷たいバターを加えてカードで細かく刻んでいきます。ある程度バターが小さくなってきたら、指先をこすり合わせながら全体をさらさらのパン粉状にします。
◎この作業は「rub-in（ラブイン）」と呼ばれ、両手ですくうように粉を持ち上げて、親指を小指から人差し指にスライドさせながらこすり合わせ、バターの粒を薄く小さくしていきます。バターを溶かしてしまわないように、できるだけ手早く行います。

2. ショートクラストペストリーなら冷水、リッチショートクラストペストリーなら溶き卵を全体にちらすように加え、テーブルナイフまたはゴムべらでひとかたまりになるようまとめます。ラップで包んだら、めん棒で軽くつぶして平らにし、冷蔵庫で1時間以上休ませてから使います。
◎リッチショートクラストペストリーの生地は、まとまりにくければ冷水大さじ1（分量外）を足して調整します。

▷フードプロセッサーで作ると、とっても簡単。Aと冷たいバターをフードプロセッサーに入れたら、さらさらの状態になるまで攪拌します。次に冷水または溶き卵を入れて、ひとかたまりになるまで回したらもう完成。ラップで包んで冷蔵庫で休ませましょう。
▷どちらの生地も冷凍で1～2カ月保存OK。使うときは冷蔵庫に移して、3～4時間解凍します。

TREACLE TART
トリークルタルト

タルトにパン粉を詰めようなんて、イギリス人以外いったい誰が思いつくでしょう。
さすが余り物のパン使いの魔術師、繰り出されるお菓子の数々に思わず拍手をしたくなるほど。
パン粉をおいしいフィリングに変身させてくれるのは、ゴールデンシロップと風味づけのレモン。
ただこれだけなのですが、何も言われなければ「紅茶によく合うお菓子だこと」と、
パン粉と気づかず食べてしまうでしょう。軽く温めて、たらりと生クリームをたらしたり、
あるいは温かいホームメイドカスタード(p.101)でも添えれば、
プディング(デザート)としても十分対応可能。
華のあるタルトではありませんが、時折ふっと食べたくなる安らぎの味。
なんともイギリスらしい空気感をまとったお菓子です。

INGREDIENTS [直径21cmのタルト型×1台分]

リッチショートクラストペストリー(p.69)
....全量
〈フィリング〉
ゴールデンシロップ....200g
レモン....1個
生パン粉....60g
ジンジャーパウダー(好みで)....少々
グラニュー糖(飾り用)....少々

PREPARATION

・レモンは表皮をすりおろして果汁は搾ります。
・型に薄くバター(分量外)を塗ります。
・オーブンは180℃に予熱します。

RECIPE

1. リッチショートクラストペストリーを3㎜の厚さで、型よりひとまわり大きくめん棒でのばし、型に敷き込みます。焼き縮みを防ぐため、冷蔵庫で30分ほど冷やします。残った生地から飾り用にハート型で抜いて、一緒に冷やします。
2. 1の底にフォークで数カ所空気穴をあけ、アルミホイルで覆って重石をのせ、180℃のオーブンで15分ほど空焼きします。重石とアルミホイルをはずし、さらに5～7分、底が乾くまで焼きます。
3. フィリングを作ります。鍋にゴールデンシロップを入れ、弱火で軽く温めて火からおろします。レモンの皮のすりおろしとレモン果汁、パン粉、好みでジンジャーパウダーを加え、しっとりするまで混ぜます。
4. 2に3を流して平らにし、1のハートの生地の片面にグラニュー糖をまぶして、その面を上にして並べます。オーブンの温度を170℃に下げて約20分、飾りのハートにいい焼き色がついたらタルトの焼きあがりの合図です。

▷食パンが余ったら、フードプロセッサーにかけてパン粉にしましょう。保存袋に入れて冷凍しておけば、いつでもこのトリークルタルトやクイーンオブプディング(p.88)が作れますよ。

YORKSHIRE CURD TART
ヨークシャーカードタルト

大きな国立公園を２つも抱えるヨークシャーは緑がいっぱいで、酪農が盛んな地域。
そのヨークシャーのカードチーズを使った名物タルト。
カードとは、牛乳に酸や酵素を加えて分離させて作るチーズのもととなるものです。
このタルトは17世紀半ば頃にはすでに作られており、
本来はイースターの50日後にやってくるWhitsun（聖霊降臨祭）のためのお菓子でした。
当時は風味づけにローズウォーターが使われていたそう。
ヨークシャーのティールームでいただいたカードタルトが最高においしくて感動していたら、
「すごく簡単なのよ～」と奥さんがニコニコ教えてくれた、思い出深いレシピです。

INGREDIENTS ［直径21㎝のタルト型×1台分］

ショートクラストペストリー（p.69）....全量
〈フィリング〉
バター....70g
グラニュー糖....70g
溶き卵....80g
生パン粉....10g
カードチーズ
（下記／またはカッテージチーズ）....165g
オレンジピールとレモンピール
....合わせて15g
カランツ....20g
レモンの皮（すりおろし）....½個分

PREPARATION

・バターと溶き卵は室温に戻します。
・型にバター（分量外）を塗ります。
・オーブンは180℃に予熱します。

カードチーズの作り方

［作りやすい分量］

鍋に1ℓの牛乳を入れて沸騰直前まで温め、レモン果汁大さじ4を加えて静かに混ぜます。分離したら火を止めて、そのまま冷ましましょう。目の細かいこし器を通し、固まったカードチーズを取り出したら、キッチンペーパーを敷いたざるにのせ、冷蔵庫で数時間水きりをして完成。

RECIPE

1. ショートクラストペストリーを3㎜の厚さで、型よりひとまわり大きくめん棒でのばし、型に敷き込みます。焼き縮みを防ぐため、冷蔵庫で30分ほど冷やします。
2. 1の底にフォークで数カ所空気穴をあけ、アルミホイルで覆って重石をのせ、180℃のオーブンで15分ほど空焼きします。重石とアルミホイルをはずし、さらに5～7分、底が乾くまで焼きます。
3. フィリングを作ります。ボウルにバターを入れて軽く練り、グラニュー糖を加えてすり混ぜます。溶き卵を少しずつ加えながら混ぜ、残りの材料をすべて加えてゴムべらでざっくり混ぜ合わせます。
4. 2に3を流して平らにし、オーブンの温度を170℃に下げて約40分焼いたら出来あがり。

▷カードチーズのつぶつぶっとした表面が特徴のタルトです。なめらかなチーズケーキのように混ぜる必要はありません。市販のカッテージチーズを使うときは、裏ごししていないタイプを選んでくださいね。

BREAD

MANCHESTER TART
マンチェスタータルト

イギリス中部の大都市、マンチェスター。
この土地のレトロデザートとして知られているのがこのタルト。
ココナッツの下にはたっぷりのカスタードとアクセントのラズベリージャムが隠れています。
1950〜80年代にかけて、スクールディナー（給食）のデザートの定番でした。
もちろん当時はインスタントのカスタードパウダー（p.100）でしたが。
昨今、ベーカリーで見かけるものはお一人様用の小さなタルトレットサイズ。
これはこれで、チェリーの争奪戦にならなくて平和かも？

INGREDIENTS ［直径21cmの底の抜けるタルト型×1台分］

リッチショートクラストペストリー（p.69）....全量

〈カスタードクリーム〉
牛乳 450mℓ
卵黄 3個分
グラニュー糖 60g
薄力粉 35g
バニラエクストラクト ....少々

ラズベリージャム 大さじ4
ココナッツファイン ....30〜40g
ドレンチェリー 1個

PREPARATION

・型に薄くバター（分量外）を塗ります。
・オーブンは180℃に予熱します。

RECIPE

1. リッチショートクラストペストリーを3mmの厚さで、型よりひとまわり大きくめん棒でのばし、型に敷き込みます。焼き縮みを防ぐため、冷蔵庫で30分ほど冷やします。
2. 1の底にフォークで数カ所空気穴をあけ、アルミホイルで覆って重石をのせ、180℃のオーブンで20分ほど空焼きします。重石とアルミホイルをはずし、さらに10〜15分、底に軽く焼き色がつくまで焼きます。
3. カスタードクリームを作ります。鍋に牛乳を入れ、火にかけて温めます。ボウルに卵黄とグラニュー糖を入れて泡立て器ですり混ぜ、薄力粉をふるい入れてさらに混ぜます。温めた牛乳を加えて溶きのばし、鍋に戻して中火にかけます。沸騰しはじめたらしっかりとろみがつくまで、絶えずかき混ぜながら加熱します。火からおろしてバニラエクストラクトを加えて混ぜ、鍋底を氷水に当てながら冷まします（またはバットに流して冷まします）。
4. 2の底にラズベリージャムを広げ、その上に3を流して平らにし、ココナッツファインをちらします。冷蔵庫で約2時間冷やし固め、まん中にドレンチェリーをのせて完成。

▷ジャムの上に薄くスライスしたバナナをのせるバージョンもあり、こちらもおすすめです。
▷分量はそのままで、直径9cmの小さなタルト型8個に分けて作ることも出来ます。その場合、2の焼き時間は空焼き15分、重石とアルミホイルをはずしてさらに5〜7分焼き、4で1時間ほど冷蔵庫で冷やし固めます。

Chorley Cakes

CHORLEY CAKES
チョーリーケーキ

イギリス中西部、ランカシャー州のチョーリーという町で生まれたお菓子。
一見、同じ地方の名物菓子「エクルズケーキ」とも似ていますが、
よりあっさりとしたペストリーとフィリングのため、
現地ではバターやランカシャーチーズを添えて食べることも。
ちょっぴりふくらむベーキングパウダー入りのペストリーなので、
焼く前はフィリングが透けるくらい薄くのばしても大丈夫ですよ。

INGREDIENTS［10個分］

〈ショートクラストペストリー〉

A
- 薄力粉 200g
- ベーキングパウダー 小さじ1
- 塩 .... ひとつまみ

バター 100g
冷水 大さじ4

〈フィリング〉

バター 50g
ブラウンシュガー 大さじ2
ナツメグ 小さじ1/3
カランツ 120g
サルタナレーズン 80g

PREPARATION

・ショートクラストペストリーのバターは1cm角に切って冷やします。
・天板にオーブンシートを敷きます。
・オーブンは180℃に予熱します。

RECIPE

1. ショートクラストペストリーをp.69の1、2と同様に作ります。
   ◎ベーキングパウダーを入れるのを忘れずに。
2. フィリングを作ります。小鍋にバターを入れて弱火にかけ、溶けたら火からおろします。ブラウンシュガーとナツメグを加えて混ぜ、カランツとサルタナレーズンも加えて混ぜ合わせ、そのまま冷まします。
3. 1を10等分して丸めます。めん棒で3mmの厚さの円形にのばし、2を山盛り大さじ1ほどのせて包みます。綴じ目を下にして円く形を整えたら、何度かひっくり返しながら直径8cm程度になるまでめん棒でのばします。
4. 綴じ目を下にして天板にのせ、ナイフで表面に切り込みを2本入れて180℃のオーブンで20分ほど焼きます。

イギリスで売られている
チョーリーケーキ。

LEMON MERINGUE PIE
レモンメレンゲパイ

表面はさっくり、中はふわふわな雲のようなメレンゲ。
フォークを入れると下から顔を出すのは、鮮やかな黄色の甘酸っぱいレモンフィリングです。
イギリスの昔ながらのレモンメレンゲパイといえば、このさっぱり味のぷるんとしたフィリング。
バターたっぷりで濃厚なフランスのタルトオシトロンより、ずっとさわやかで食べやすいのが特徴です。
燦々（さんさん）と降り注ぐ太陽の下、たわわに実る柑橘類に強い憧れを抱いていたイギリスの人々。
ヴィクトリア時代にはこのレモンメレンゲパイは
「Chester pudding（チェスタープディング）」の名で人気を博します。
こんなパイが出てきたら、暗い真冬の食卓もみんなの顔も、パッと明るくなったことでしょう。

INGREDIENTS ［直径21cmの底の抜ける深めのタルト型×1台分］

ショートクラストペストリー（p.69）....全量
〈レモンフィリング〉
コーンスターチ....30g
水....250mℓ
レモン
....大3個（果汁110mℓ／皮は2個分を使用）
グラニュー糖....90g
バター....25g
卵黄....3個分
〈メレンゲ〉
卵白....3個分
グラニュー糖....150g
コーンスターチ....小さじ1

PREPARATION

・レモンフィリングのコーンスターチは、分量の水から少量をとって溶きます。
・レモンは表皮をすりおろして果汁は搾ります。
・バターは1cm角に切ります。
・オーブンは180℃に予熱します。

RECIPE

1. ショートクラストペストリーをp.72の1、2と同様にめん棒でのばし、型に敷き込んで冷蔵庫で冷やしてから空焼きをします。
2. レモンフィリングを作ります。鍋に少量の水で溶いたコーンスターチを入れ、残りの水、レモン果汁とレモンの皮のすりおろし、グラニュー糖を加えてホイッパーで軽く混ぜ、中火にかけます。全体が透明になり、ふつふつとしてきたら2分ほど絶えず混ぜ続け、火からおろします。
3. バターを加えて混ぜて溶かし、5分ほどおきます。卵黄を1個ずつ加えてホイッパーでよく混ぜたら、フィリングの完成。1に流して冷まします。
4. メレンゲを作ります。ボウルに卵白を入れ、ハンドミキサーで泡立てます。もこもことしてきたら、グラニュー糖を少しずつ加えながら泡立て続け、角がぴんと立つくらいのかたいメレンゲにします。コーンスターチを加えてさらにひと混ぜし、スプーンなどで3の表面にのせて全体を覆います。
5. オーブンの温度を150℃に下げて約40分、メレンゲが軽く色づく程度に焼けたら出来あがり。

▷普通の浅いタルト型を使う場合は、ショートクラストペストリーとメレンゲの分量はそのままで、レモンフィリングの分量のみ⅔量に減らして作ります。
▷4でレモンフィリングにメレンゲをのせるときは、最初にいちばん外側のペストリーに近いところからぐるりと囲むようにのせ、最後にまん中にのせると沈まず上手にできます。

BANOFFEE PIE
バノフィーパイ

ショートクラストペストリー＋トフィー＋バナナ＋生クリーム＝「バノフィーパイ」。
こんな素晴らしい計算式を考え出したのは、小さな村のレストラン「The Hungry Monk」。
1972年にこのお店のメニューにあがると、そのおいしさは瞬く間にイギリス国民を虜に。
通常のトフィーよりコクはあるけれど、くどくないこのお店のトフィーの秘密はその作り方。
なんと、コンデンスミルクを缶ごとフツフツ3時間ゆでて作るのです。
バナナ＆トフィーで子どもたちを、隠し味のコーヒーで大人層も取り込んだ絶妙なバランス。
ここでは、缶入りコンデンスミルクが手に入りづらい日本でもおいしく作れるレシピをご紹介します。

INGREDIENTS ［直径21cmの底の抜けるタルト型×1台分］

ショートクラストペストリー（p.69）.... 全量
〈トフィー〉
バター 50g
黒糖（粉末）.... 50g
コンデンスミルク 260g

A｜生クリーム（乳脂肪分40%以上）.... 200mℓ
　｜グラニュー糖 小さじ2
　｜インスタントコーヒー .... ひとつまみ

バナナ .... 3〜4本
〈仕上げ用〉
コーヒー豆（細かく挽く）.... 少々

PREPARATION

・型にバター（分量外）を塗ります。

RECIPE

1. ショートクラストペストリーをp.75の1、2と同様にめん棒でのばし、型に敷き込んで冷蔵庫で冷やしてから空焼きをします。
2. トフィーを作ります。鍋にバターと黒糖を入れて弱火にかけ、黒糖が溶けるまでゴムべらで混ぜながら加熱します。コンデンスミルクを加えて中火にし、絶えずゴムべらで鍋底をこすりながら、濃度が少しあがるまで静かに煮立てて火を止めます（長く沸騰させると分離するので注意）。
3. 1に2を広げて平らにし、冷蔵庫で約2時間冷やします。
4. ボウルにAを入れ、ホイッパーの跡が消えない程度になるまで泡立てます。
5. バナナは皮をむいて縦半分に切り、断面を下にして3の上に並べます。上に4をこんもりとのせ、コーヒー豆をパラリとちらして出来あがり。

Tips

▷トフィーは冷えるとかたくなります。2で加熱する際は、ゴムべらでこすって鍋底が一瞬見える程度に濃度がついたら、火からおろしましょう。
▷缶入りコンデンスミルク（1缶397g入り）を使う場合は、鍋に缶をそのまま入れてかぶるくらいの水を加えてふたをし、中火で3時間ほどふつふつと沸騰した状態で加熱します。缶の頭が湯から出ないよう、ときどき湯を足すことを忘れずに。湯から出して完全に冷まし、缶を開けたらあら不思議、中から茶色いトフィーが現れますよ。

APPLE PIE
アップルパイ

「As American as apple pie」なんてことわざがあるように、
アップルパイ＝アメリカをイメージする人も多いはず。
でもじつは、アップルパイに関してはイギリスはアメリカより数百年も先輩。
りんごの種類もイギリスだけで2,000種を超えるといわれており、
クッキング用の「ブラムリーアップル」を使う人もいれば、
「イーティングアップル」と呼ばれる生食用の甘いりんごを使う人もいます。
イギリスの家庭で簡単に作るアップルパイは、刻んだりんごを生のまま詰める方法。
お手軽かつ、りんごのフレッシュ感もより楽しめるので、ぜひお試しを。

INGREDIENTS ［直径22cmの浅型のパイ皿×1台分］

〈ショートクラストペストリー〉

A
- 薄力粉 250g
- 塩 .... ひとつまみ

バター 125g
冷水 大さじ5

〈フィリング〉

りんご（皮と芯を除く）.... 350g（正味）

B
- デメララシュガー（またはグラニュー糖）.... 大さじ5
- コーンスターチ 大さじ2
- シナモンパウダー .... 小さじ¼

卵白 .... 少々
グラニュー糖 大さじ1

PREPARATION

- パイ皿に薄くバター（分量外）を塗ります。
- 卵白は溶きほぐします。
- オーブンは210℃に予熱します。

RECIPE

1. ショートクラストペストリーをp.69の1、2と同様に作ります。
2. りんごは5mm厚さのいちょう切りにしてボウルに入れ、Bを加えて軽く和えます。
3. 1を⅗量と⅖量に分け、多いほうをめん棒で3mmの厚さの円形にのばします。パイ皿の底にぴっちりと敷いたら、底にフォークで数カ所空気穴をあけます。残りのペストリーは、3mmの厚さでパイ皿よりひとまわり大きくのばします。
4. 3のパイ皿に2をこんもりと山高にのせ、ペストリーのふちを水（分量外）で軽く湿らせ、もう1枚のペストリーをかぶせてふたをします。ふちを押さえたら、パイ皿からはみ出した生地をナイフでカットし、綴じ目を指またはフォークでしっかり押さえます。
5. 表面に刷毛で溶いた卵白を塗り、グラニュー糖を上からふりかけます。上部にナイフで数カ所、蒸気穴をあけておくことも忘れずに。オーブンの温度を200℃に下げ、最初に10分、次に190℃に下げて約35分、パイがいい色に焼け、甘酸っぱいりんごの香りが部屋中に漂いはじめたら焼きあがり。

▷4で残ったペストリーを葉っぱの形などに切り抜き、パイの上にのせて焼くとちょっぴり豪華になります。ホームメイドカスタード（p.101）やバニラアイスクリームを添えてもおいしいですよ。

COLUMN

NO.5

パイバードのお話

チキン&マッシュルームパイにアップルパイ、ステーキ&エールパイにコテージパイ、ポークパイにバノフィーパイ……。甘いものからセイボリーまで、365日違うパイを食べて暮らせそうなほど種類の多いイギリスのパイ。まさにイギリスの国民食的存在なのですが、このコラムの主役はそのパイ、ではなく、そのまん中に鎮座する黒い陶器の鳥「パイバード」。

黄色いくちばしを上に向け、首を長くのばしているその鳥のモデルは、イギリスではよく見かける声のきれいなブラックバード（黒つぐみ）。彼の役割はパイを焼く間、フィリングが沸騰し、その蒸気でパイが破れて中身が飛び出してしまうのを防ぐこと。つまり、蒸気抜きの煙突ということで「pie funnel（煙突）」「pie vent（通風孔）」と呼ばれるものの一種です。

ヴィクトリア時代にはすでに登場していたというオリジナルスタイルは煙突形。当時のオーブンは今のように均一な火の回りではなかったため、しょっちゅうフィリングが吹きこぼれ、庫内の焦げつきを取るのにひと苦労。そのため、パイファネルが紹介されるとたちまち大人気になったのだとか。

このパイファネル、パイバードにしても煙突形にしても、肩の部分がやけに張っています。これには理由があります。大きなパイになると、表面がパリッと焼き固まる前にまん中がダレて陥没してしまうのはよくあること、それをパイファネルが支えの役割をしてくれるのです。

ところで煙突形からこのかわいらしいブラックバード形になったのは、1930年代中頃といわれています。ほかにも象さんなどの動物やシェフ、ブッチャー（お肉屋さん）といった人形（ひとがた）、キャラクターものなどもありますが、やはり圧倒的に多いのがブラックバード形。なぜパイにブラックバードなのか。その理由は、イギリスの古い童謡「6ペンスの唄」にあります。その歌詞は、

Sing a song of sixpence, A pocket full of rye,
Four and twenty blackbirds, Baked in a pie
When the pie was opened, The birds began to sing,
Was not that a dainty dish, To set before the king?

「6ペンスの唄をうたおう　ポケットにはいっぱいのライ麦
パイの中に焼き込められた24羽の黒つぐみ
パイを切った途端　うたいはじめる
王様にお出しする大ご馳走」というもの。

突拍子もない話のようですが、王侯貴族を喜ばせるため、あらゆる贅と技を尽くした中世のバンケット（晩餐会）。焼きあげたパイの中に生きた鳥や動物を潜ませておき、ふたをあけた瞬間それらが飛び出す——という料理は実際に作られていたのだそう。この童謡にヒントを得て、パイファネルがブラックバードの形になったといわれています。実用的でユーモラスなパイバードを、次回イギリスにお出かけの際は1羽連れ帰ってみてはいかがでしょう。

CHAPTER 4

Puddings

プディング

「プディング」──イギリスでは、デザート全般を指す言葉として使われています。「さぁプディングよ！」それだけで幸せなシーンが浮かぶ魔法の言葉。みんなで取り分けて食べる大きなプディングの楽しさをぜひ。

STICKY TOFFEE PUDDING
スティッキートフィープディング

その名のとおり、スティッキー（ぺたぺたした）なトフィーのかかったプディング。
もともとはイングランド北部、湖水地方生まれのプディングですが、
老若男女を問わず、イギリス全土で最高に人気のあるプディングのひとつ。
日本人にもどこか懐かしい、コクのある甘さの秘密はデーツ。
煮込んでから入れるので姿は見えませんが、しっとりテクスチャーにもひと役買っています。
プディングベイスン（プディングボウル）に入れて蒸す方法もありますが、
ここでは、いちばん簡単にできる、オーブンで焼く方法をご紹介します。
ほかほかプディングにあったかソース、そこにぜひ冷たいバニラアイスを組み合わせて
召し上がってみてください。この甘さの虜（とりこ）になること請け合いです。

INGREDIENTS ［18×18㎝の角型×1台分］

〈プディング〉
デーツ（種抜き）.... 200g
紅茶（濃く淹れる）.... 200mℓ
重曹 小さじ1
バター 75g
ブラウンシュガー 150g
卵 2個
A | 薄力粉 175g
  | ベーキングパウダー 小さじ2
〈トフィーソース〉
生クリーム 200mℓ
ブラウンシュガー 100g
バター 40g
バニラエクストラクト .... 少々
ブラックトリークル（あれば）.... 小さじ2
〈トッピング〉
バニラアイスクリーム .... 適量

PREPARATION

・プディングのバターと卵は室温に戻し、卵は溶きほぐします。
・型にオーブンシートを敷きます。
・オーブンは170℃に予熱します。

RECIPE

1. プディングを作ります。デーツは小さく刻み、小鍋に紅茶、重曹とともに入れて中火にかけ、2～3分煮立たせてから火を止めます。デーツが水分を吸うまでそのまま冷まします。
2. バターを軽く練り、ブラウンシュガーを数回に分けて加えながら、ホイッパーで軽くふんわりするまで混ぜます。溶き卵を少しずつ加えながらさらによく混ぜます。
3. Aを合わせてふるい入れ、ゴムべらで軽く混ぜ合わせます。まだ粉が見えているうちに1を加え、ムラなく混ぜたら生地は完成。
4. 型に流し入れ、170℃のオーブンで45～50分焼きます。
◎表面を指で軽く押して弾力があれば焼きあがり。
5. トフィーソースを作ります。鍋に材料をすべて入れて中火にかけます。ときどき混ぜながら、砂糖が溶けて沸騰してきたら火を弱め、さらに3～4分ほど混ぜ続けて火からおろして出来あがり。
6. 4を好みのサイズにカットし、温かい5をかけてバニラアイスクリームを添えていただきましょう。

▷プディングが冷めているときは、オーブンまたは電子レンジで軽く温めて。
▷分量はそのままで、180mℓのプリン型9個に分けて作ることも出来ます。その場合、プリン型には薄くバターを塗り、強力粉少々をはたきます（ともに分量外）。また4の焼き時間は約25分に調整してください。

QUEEN OF PUDDING
クイーンオブプディング

「Queen of Pudding（プディングの女王）」。なかなか立派な名前ですが、材料はいたってシンプル。
パン粉に牛乳、卵にバター、そしてジャムという、まるで朝ごはんのような材料。
それでこんなに豪華なデザートを作ってしまうのですから、イギリス人の知恵と工夫には脱帽です。
ヴィクトリア女王のためにバッキンガムパレスの料理人によって作られたからだとか、
メレンゲがクラウンのように見えるからだとか、名前の由来は諸説あります。
余ったパンの再利用法としては、群を抜いてエレガントなこのプディング。
「今日のデザートはクイーンオブプディングよ」なんて食事の最後に出したら、歓声も株も上がりそう。

INGREDIENTS ［1.2ℓの耐熱容器×1台分］

牛乳 600mℓ
バター 30g
グラニュー糖 120g
生パン粉 110g
レモンの皮（すりおろし）....1個分
卵 3個
ラズベリージャム 大さじ4

PREPARATION

・オーブンは170℃に予熱します。

RECIPE

1. 鍋に牛乳、バター、グラニュー糖120gのうち大さじ2を入れて温めます。沸騰直前に火からおろし、生パン粉とレモンの皮のすりおろしを加えてひと混ぜします。そのまま15分ほどおきます。
2. 卵を卵黄と卵白に分け、卵黄のみを1に加えて混ぜ、耐熱容器に流し入れます。170℃のオーブンで約30分、表面が固まるまで焼きます（卵白は4で使用します）。
3. 2の表面にジャムをそっと塗り広げます。やわらかいので気をつけて。
◎ジャムがかたくて広げにくいときは、電子レンジで軽く温めます。
4. 2で分けた卵白をボウルに入れ、残りのグラニュー糖を少しずつ加えながら、角が立つまでハンドミキサーで泡立ててジャムの上にふんわりのせます。オーブンの温度を160℃に下げて15分ほど焼き、こんがりと焼き色がついたら出来あがり。

Tips

▷分量はそのままで、160mℓの耐熱容器8個に分けて作ることもできます。その場合、2の焼き時間は20〜25分、メレンゲをのせてからは様子を見ながら、軽く焼き色がつくまで焼いてください。

SELF-SAUCING LEMON PUDDING
セルフソーシングレモンプディング

その名のとおり、自らがソースとなるプディングのこと。
つまり、ひとつの器の中にプディングとソースが一緒に入ってしまっているのです。
一見焼きっぱなしのシンプルなプディングにスプーンを入れると、あら不思議！
下からソースが顔を出すという、合理的かつ驚きのプディングです。
別名「サプライズプディング」。いろいろなスタイルがありますが、レモンバージョンは
水分の多い生地に卵白を泡立てて加え、その比重の違いを利用して２層に分かれる仕組み。
スフレのように軽いスポンジの下に、さわやかなレモンソースが潜んでいます。
ボリュームたっぷりのメインディッシュのあとでも、
ついついおかわりをしたくなる楽しくおいしいデザートです。

INGREDIENTS ［1.2ℓの耐熱容器×1台分］

バター 50g
グラニュー糖 120g
卵 3個
レモンの皮（すりおろし）....1個分
レモン果汁 75mℓ
薄力粉 35g
牛乳 285mℓ

PREPARATION

・バターは室温に戻します。
・湯せん焼きの湯を沸かします。
・オーブンは170℃に予熱します。

RECIPE

1. ボウルにバターを入れて練り、グラニュー糖120gのうち1/4量をメレンゲ用に取り置き、残りを加えてホイッパーですり混ぜます。卵を卵黄と卵白に分け、卵黄のみを1個ずつ加えて混ぜていきます（卵白は3で使用します）。
2. レモンの皮のすりおろし、レモン果汁を加えて混ぜ、薄力粉をふるい入れます。ダマがなくなるまで混ぜたら、牛乳を加えて混ぜます。ちょっとくらい分離していても心配ご無用。
3. 1で分けた卵白をボウルに入れ、残りのグラニュー糖を少しずつ加えながら、角が立つまでハンドミキサーでかたく泡立てます。このうち1/3量を2に加えてホイッパーでムラなく混ぜたら、残りをすべて加え、今度はゴムべらでさっくり合わせます。
4. 耐熱容器に流し入れ、容器ごとひとまわり大きな深めのバットに入れます。容器の高さの半分ほどまで熱湯を注ぎ、170℃のオーブンで約45分湯せん焼きにします。こんがり焼き色がついたら完成です。上がしゅわっと軽いスポンジ、下は酸っぱいレモンソースの2層に焼きあがります。

▷普通は焼きたての温かいうちにいただきますが、夏場なら冷蔵庫で冷やして食べるのもおすすめです。

SELF-SAUCING CHOCOLATE PUDDING
セルフソーシングチョコレートプディング

セルフソーシングレモンプディング（p.90）のお仲間ですが、作り方はだいぶ異なります。
こちらは別の器でココアと砂糖を湯で溶いて、スポンジ生地の上に流して焼きます。
焼く前の姿を見ると、せっかく作ったスポンジ生地がどろどろ溶けたような状態で
「本当に大丈夫？」と心配になってしまうのですが、ご安心を。
とびきりおいしいソースつきのチョコレートスポンジが、オーブンから出てきますから。
底にたまったソースが水たまり（puddle）のようなので「Chocolate puddle pudding」
あるいは「Hot chocolate sponge pudding」なんて呼び名も。
思わず、作るところから誰かに見せたくなってしまうプディングです。

INGREDIENTS ［1.2ℓの耐熱容器×1台分］

バター 120g
グラニュー糖 120g
卵 2個
A | 薄力粉 90g
　ベーキングパウダー 小さじ1
　ココア 大さじ2
牛乳 大さじ2
バニラエクストラクト ....少々
〈チョコレートソース〉
ブラウンシュガー 90g
ココア 大さじ3
熱湯 260mℓ

PREPARATION

・バターと卵は室温に戻し、卵は溶きほぐします。
・オーブンは170℃に予熱します。

RECIPE

1. ボウルにバターを入れて練り、グラニュー糖を数回に分けて加えながらホイッパーですり混ぜます。溶き卵を少しずつ加え、さらに混ぜます。
2. Aを合わせてふるい入れ、ゴムべらで軽く混ぜながら、牛乳とバニラエクストラクトを加えます。全体がなめらかになったら、耐熱容器に入れてならします。
3. チョコレートソースを作ります。別の耐熱容器にブラウンシュガーとココアを入れ、熱湯を加えて溶かします a。すぐに2の上に注ぎ b、170℃のオーブンで約40分、全体がふくらむまで焼いたら出来あがり。
◎チョコレートソースを注ぐと、シャバシャバの状態になりますが大丈夫。

▷温かいうちに、冷たいバニラアイスクリームか生クリームをたらりとたらしていただくのが最高です。
▷分量はそのままで、160mℓの耐熱容器8個に分けて作ると、ちょっと洒落たデザート風に仕上がります。焼き時間は25分くらい経ったところでまん中を押してチェック。弾力があれば焼けています。

a

b

EVE'S PUDDING
イブズプディング

蛇にそそのかされ、禁断の果実を口にしてしまったイブ。
秋、まっ赤に色づきたわわに実ったりんごは
イブじゃなくとも、蛇にそそのかされなくたって食べたくなるもの。
とろけた甘酸っぱいりんごをこっそりスポンジの下に隠した、まさにイブの禁断のプディング。
食べはじめたら「もう少しだけ〜」と、ついつい手がのびてしまいます。
小麦色に香ばしく焼けた表面に、ふんわりスポンジとソースのようにジューシーなりんごの三重奏。
焼きたてをプディング（デザート）として食べるのが最高ですが、
冷めてもそれはそれでおいしいりんごケーキとしていただけます。

INGREDIENTS ［1.2ℓの耐熱容器×1台分］

〈フィリング〉
りんご（皮と芯を除く）....約600g（正味）
レモン果汁....大さじ2
水....大さじ2
グラニュー糖....50g
シナモンパウダー....少々
〈スポンジ〉
バター....100g
グラニュー糖....100g
卵....2個
バニラエクストラクト....少々
A｜薄力粉....100g
　｜ベーキングパウダー....小さじ1½
牛乳....大さじ2
〈仕上げ用〉
スライスアーモンド....20g
粉砂糖....少々

PREPARATION

・バターと卵は室温に戻し、卵は溶きほぐします。
・オーブンは170℃に予熱します。

RECIPE

1. フィリングを作ります。りんごは厚さ7㎜程度のいちょう切りにして、残りのフィリングの材料とともに鍋に入れます。軽くしんなりするまで中火で加熱し、耐熱容器に広げます。
2. スポンジを作ります。ボウルにバターを入れて練り、グラニュー糖を加えて白っぽくなるまでホイッパーですり混ぜます。溶き卵を少しずつ加えながらさらに混ぜ、バニラエクストラクトを加えます。
3. Aを合わせてふるい入れ、ゴムべらで粉っぽさがなくなるまで混ぜたら、牛乳を加えてさらに混ぜます。
4. 1を覆うように3をのせ、スライスアーモンドをちらします。170℃のオーブンで35〜40分、スポンジがふっくらとして火が通れば出来あがり。温かいうちに、軽く粉砂糖をふって召し上がれ。

▷寒い季節なら温かいホームメイドカスタード（p.101）を添えていただくのがおすすめです。

APPLE DAPPY
アップルダッピー

「今日はスコーンも、アップルパイも食べたい気分」、そんなときにうってつけのお菓子。
「デボンシャーアップルダッピー」と呼ばれることもあるように、
りんごとクリームティー（スコーン）が名物の、デボンやサマセットあたりのお菓子です。
ロールケーキのようにりんごをくるくる焼き込んだスコーン生地を器に並べ、
レモン風味のシロップをひたひたに注いで焼くという、少々風変わりな作り方ですが、
これが思いのほか、大量のシロップにも負けず元気にふくらんでくれます。
「The proof of the pudding is in the eating（論より証拠）」、ぜひ一度お試しを。
甘酸っぱいシロップとりんごの果汁をたっぷり吸った生地のおいしさにきっとびっくりするはず。

INGREDIENTS ［直径25cmの耐熱容器×1台分］

A
- 薄力粉 250g
- ベーキングパウダー 小さじ2
- 塩 小さじ1/4

バター 60g
牛乳 120mℓ
りんご（皮と芯を除く）....300g（正味）
オールスパイス（またはシナモンパウダー）....少々
デメララシュガー（またはグラニュー糖）....大さじ1〜2

〈シロップ〉
レモン 1個
グラニュー糖 110g
ゴールデンシロップ....大さじ1
バター 10g
水 200mℓ

PREPARATION

- バターは1cm角に切って冷やします。
- りんごは1cm弱の角切りにします。
- オーブンは190℃に予熱します。

RECIPE

1. シロップを作ります。レモンの皮は薄くそぎ、果汁を搾ります。小鍋に残りのシロップの材料とともに入れて火にかけ、沸騰したら火を弱めます。砂糖がすっかり溶けたら、火からおろします。
2. Aを合わせてボウルにふるい入れ、バターを加えます。指先をこすり合わせながら粉の中でバターの粒を小さくしていき、全体をさらさらのパン粉状にします。牛乳を加え、生地をひとつにまとめます。
3. 打ち粉（分量外）をふった台の上で、2をめん棒で26×26cmくらいの正方形にのばし、りんごを上に広げ、オールスパイスとデメララシュガーをふりかけます。手前から生地を巻いていき、最後は生地同士を綴じるように指でしっかりつまんで張りつけます。
4. よく切れるナイフで約3cm幅で9等分にカットしa、切り口を上にして耐熱容器に並べますb。レモンの皮を取り除いた1を上から注いだら、190℃のオーブンで35〜40分焼きます。生地がふくらんでいい焼き色がついたら出来あがり。

▷焼きたてはシロップがたっぷり。熱々に温かいホームメイドカスタード（p.101）やクロテッドクリームを添えて召し上がれ！

a

b

MERINGUE ROULADE
メレンゲルーラード

イギリスではロールケーキのことを「Roulade（ルーラード）」または「Swiss roll（スイスロール）」と呼びます。
メレンゲが大好きなイギリス人は、ロールケーキもメレンゲだけで作ってしまうからびっくり。
イギリスのメレンゲは「外はさくさく、中はふんわり」が基本。
日本で食べられているようなカチカチのメレンゲではないので、
生クリームだってフルーツだって、たっぷり巻き込めてしまいます。
メレンゲをぴしぴしミシミシいわせながら巻くのはなかなか楽しい作業。
まるで白樺の幹のようなその見た目は、クリスマスのブッシュドノエル代わりにもぴったりですよ。

INGREDIENTS ［28㎝角のロールケーキ天板×1枚分］

〈メレンゲ〉
卵白 4個分
グラニュー糖 200g
コーンスターチ 小さじ1
白ワインビネガー 小さじ1
〈フィリング〉
生クリーム（乳脂肪分40%以上）.... 200mℓ
グラニュー糖 小さじ2
レモンカード（下記）.... 大さじ5
オレンジ 2個
〈仕上げ用〉
粉砂糖 .... 適量

PREPARATION

・オレンジは果肉を切り出します。
・天板に側面が3㎝ほど立ち上がるようにオーブンシートを敷きます。
・オーブンは170℃に予熱します。

レモンカードの作り方

［作りやすい分量］

鍋にグラニュー糖と卵各80gを入れてすり混ぜます。レモン果汁80g、レモンの皮のすりおろし1個分、バター60gを加えてごく弱火にかけ、絶えず混ぜながら加熱します。とろみがついてきたら火からおろし、裏ごしをして、煮沸消毒をした保存瓶に熱いうちに入れます。
◎冷蔵で保存し、2週間以内に食べきります。

RECIPE

1. メレンゲを作ります。ボウルに卵白を入れ、ハンドミキサーで泡立てます。全体がもこもことしてきたら、グラニュー糖を少しずつ加えながらさらに泡立て、かたいメレンゲを作ります。コーンスターチと白ワインビネガーを加え、さらに1分ほど泡立てたらメレンゲ生地の完成。
2. 天板に1をパレットナイフなどで薄く均等にのばし、170℃のオーブンで25分ほど焼きます。表面がカサッと乾いた感じになったら焼きあがり。網にのせて常温になるまで冷まし、別のオーブンシートの上に裏返して置き、底のオーブンシートをそっとはがします。
3. フィリングを作ります。ボウルに生クリームとグラニュー糖を入れ、軽く角が立つ程度に泡立てます。
4. 2のオーブンシートをはがした面に3を塗り**a**、レモンカードとオレンジをちらして、オーブンシートごと持ち上げながら巻いていきます**b**。巻き終わりを下にして整え、食べるまで冷蔵庫に入れておきます。テーブルに出す直前に粉砂糖をふります。

▷オレンジのほか、いちごなど好みのフルーツでもお試しください。

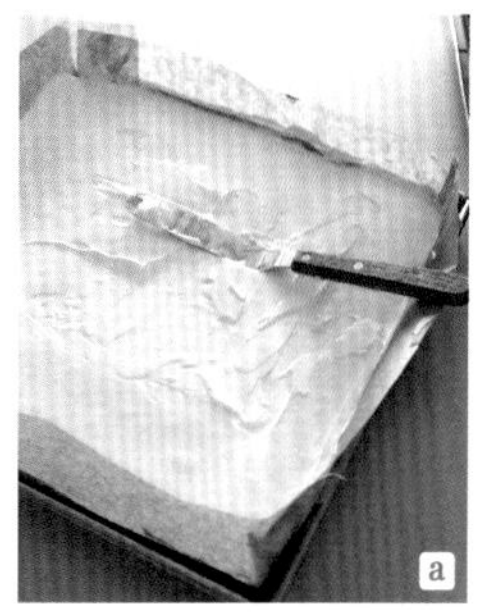
a

b

COLUMN

NO.6

カスタードのお話

イギリスのお店でプディング（デザート）やパイを頼むとよく聞かれる質問が、「（添えるのは）カスタードにする？　クリーム？　それともアイスクリーム？」

生クリームとアイスクリームはさておき、このカスタード添えがじつにイギリス的。たとえばアップルパイをお願いしたら、出てくるのはきっと、黄色いカスタードの海でかろうじて頭だけのぞかせているアップルパイ。

お店によっては別添えでジャグに入ったカスタードが出されることもありますが、これを主役のプディングやパイが見えなくなるほどに注ぎ、嬉しそうに大きなスプーンで口に運ぶさまは、そのパイが食べたかったのか、カスタードが食べたかったのか疑いたくなるほど。どうりで、シチューを食べるかのような深めのお皿と大きなスプーンで、パイやプディングがやってくるはずです。

ところでこのカスタード、日本のシュークリームに詰めるあのしっかりしたカスタードクリームではなく、温かいとろとろのソース状。甘みも控えめなら、卵の風味もなし。というのも、これは「Bird'sカスタードパウダー」というインスタントの粉を使って作るカスタードだから。牛乳とちょっぴりの砂糖を加えてあっという間にできるそれは、イギリス人の愛してやまないコンフォートフード。グルメブームのイギリスですから、もちろんちゃんと卵を使って作るカスタードソースもありますが、それはそれ、これはこれ。

卵とバニラの香りのする本物のカスタードは「proper custard」「homemade custard」と呼び、ただ「with custard」と書いてあったら、それはBird's（バーズ）のものである確率高し。

このインスタントカスタードパウダーが世に出たのは1837年のこと。まさにヴィクトリア女王即位のその年、バーミンガムに住むAlfred Bird氏は、カスタードが大好きだけれど卵アレルギーで食べられない奥さまのために、何とかそれらしいものができないかとこのカスタードパウダーを作りあげます。もとは奥さまのためだけに作ったものでしたが、居合わせたお客さまに提供したところ、意外や好反応。早速、会社を立ち上げて商品として売り出し、瞬く間に大人気となります。

メイン原材料はコーンスターチ、あとはちょっぴりのお塩と香料、アナトー色素のみ。当然卵は入っていないのですが、見た目はカスタードそっくり。牛乳の味しかしないはずなのに、ある意味これは視覚マジック。でもこのあっさりテイストが、甘みしっかりかつずっしり系のイギリスプディングにはかえってしっくりきたのでしょう。

イギリス人なら誰もが知っている、赤、黄、青色に3羽の鳥のアイコニックなパッケージ、Bird'sのカスタードパウダーは、これからもずっとイギリスの人々の癒しの味であり続けるのでしょう。

Bird'sカスタードパウダーが日本でも簡単に手に入れば私たちももっと手抜きできるのですが、残念ながらそうもいかなそう。仕方ない、腕まくりして本物のホームメイドカスタードを作りましょうか。

PROPER CUSTARD
ホームメイドカスタード

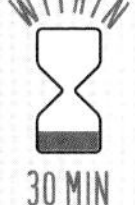

温かなカスタードソースがあると、プディングがいっそうイギリスの味に近づきます。なめらかなカスタード作りには火の通しすぎは禁物。なるべく底の厚い鍋を使いましょう。スプーンの背にのせたカスタードを指でなぞってしっかり跡が残れば出来あがりの合図です。
アップルパイ（p.82）やトリークルタルト（p.70）、イブズプディング（p.94）などに、ぜひたっぷりかけて召し上がってみてください。もう次回からはカスタードなしでは寂しくなってしまうはず！

INGREDIENTS ［作りやすい分量］

卵黄 2個分
グラニュー糖 大さじ1
コーンスターチ 小さじ1
牛乳* 300mℓ
バニラエクストラクト .... 少々

*分量のうち100mℓほどを生クリームに替えると、よりクリーミーなカスタードになります。

RECIPE

1. ボウルに卵黄、グラニュー糖、コーンスターチを入れてすり混ぜます。
2. 鍋に牛乳を入れて中火で温め、1に注いでかき混ぜてもう一度鍋に戻します。弱火にかけて常に混ぜながら加熱し、とろみがついたらすぐに火からおろします。
3. バニラエクストラクトを加えてジャグに移し、テーブルへ。好みのプディングやパイにたっぷりとかけていただきます。

▷フルーツを使ったパイやタルト、クランブルのほか、スポンジタイプのプディングにもよく添えられます。

CHAPTER 5

Oats

オーツ（オートミール）

ヘルシーさばかりが注目されるオーツですが、お菓子にしたときの香ばしさや食感はナッツにも負けず劣らず。おいしいのはもちろん、持ち運びしやすいお菓子も多いので、たくさん焼いてプレゼントにしても喜ばれそう。

MELTING MOMENTS
メルティングモメント

「Melting moment（とろける瞬間）」、なんて素敵な名前！
地名や素材からつけられたシンプルなネーミングが多いイギリス菓子ですが、
こんな名前をつけてもらったビスケットは幸せ者。
パクッとほおばれば、チェリーとオーツの余韻だけを残して、あっという間に消えていきます。
生地を丸めてオーツの中を転がして……作っている間の幸せな時間も、
もしかしたら“メルティングモメント”なのかもしれません。

INGREDIENTS ［約25個分］

バター 100g
グラニュー糖 75g
溶き卵 .... ½個分
A | 薄力粉 150g
　| ベーキングパウダー 小さじ1
バニラエクストラクト ....少々
〈トッピング〉
オートミール ....適量
ドレンチェリー ....7～13粒

PREPARATION

・バターと溶き卵は室温に戻します。
・ドレンチェリーはシロップを水で洗い流して水けを拭き取り、好みで½または¼にカットします。
・天板にオーブンシートを敷きます。
・オーブンは170℃に予熱します。

RECIPE

1. ボウルにバターを入れて軽く練り、グラニュー糖を数回に分けて加えながら、ゴムベラでよくすり混ぜます。溶き卵を少しずつ加え、さらに混ぜます。
2. Aを合わせてふるい入れ、バニラエクストラクトを加えたら、粉が見えなくなるまでゴムべらで混ぜます。
3. くるみくらいの大きさに25個丸め、器に入れたオートミールの中を転がすようにして全体にまぶしつけます。間隔を少しあけて天板に並べ、まん中にドレンチェリーを押し込みます。
4. 170℃のオーブンで13～15分、気持ち色白に焼きあげます。

FAIRTRADE
ORGANIC
EXTRACT

OAT BISCUITS
オーツビスケット

オーツのビスケットというと重めのものも多いなか、これは別もの。心地よいざくざく食感がたまりません。
ほんのちょっぴり加えたゴールデンシロップが、オーツにさらに香ばしい香りをプラス。
ビスケット缶にいつも常備しておきたいビスケットです。

INGREDIENTS ［25個分］

バター 100g
グラニュー糖 100g
ゴールデンシロップ.... 小さじ2
A 薄力粉 100g
ベーキングパウダー 小さじ1
重曹 .... 小さじ½
オートミール 100g

PREPARATION

・バターは室温に戻します。
・天板にオーブンシートを敷きます。
・オーブンは170℃に予熱します。

RECIPE

1. ボウルにバターを入れて軽く練り、グラニュー糖を数回に分けて加えながら、軽く白っぽくなるまでゴムべらまたは木のスプーンでよく混ぜます。ゴールデンシロップを加えてさらに混ぜます。
2. Aを合わせてふるい入れ、オートミールを加え、粉が見えなくなるまで混ぜます。
3. くるみくらいの大きさに25個丸め、天板に並べます。手のひらで軽く押しつぶし、170℃のオーブンで13～15分焼きます。きつね色に焼けたら完成です。

FLAPJACKS
フラップジャック

イギリスの子どもたちがいちばん最初に習うお菓子のひとつがこれ。
栄養たっぷり、かつ驚くほど簡単。ポイントがあるとすれば焼き加減。
イギリスでは、噛みしめたときにバターとゴールデンシロップがじゅわっと口の中に広がる、chewyでgooey（やわらかくねっちりした）なタイプが人気です。

INGREDIENTS ［17×27cmの長方形型×1台分］

A | バター 125g
　| ブラウンシュガー 100g
　| ゴールデンシロップ 大さじ3

オートミール 250g
塩 ....ひとつまみ

PREPARATION

- バターは1cm角に切ります。
- 型にオーブンシートを敷きます。
- オーブンは160℃に予熱します。

RECIPE

1. 鍋にAを入れて中火にかけ、全体が溶け合ったら火からおろします。
2. オートミール、塩を加え、全体になじむまで混ぜ合わせて型に入れます。カードまたはスプーンで軽く表面を押さえて平らにし、160℃のオーブンで約25分焼きます。こんがりいい色がついたら完成です。粗熱がとれたら、好みのサイズにカットします。

▷ジンジャーパウダーやシナモンパウダーなどスパイスのほか、ドライフルーツやナッツなど、好みで加えて楽しんでください。

Date Squares

DATE SQUARES
デーツスクエア

よく買い物に行っていたファームショップのベイキングクラスで教わった、グルテンフリーのお菓子。
グルテンアレルギーの人が多いイギリスでは、
カフェやティールームにも、たいていひとつくらいはグルテンフリーのお菓子が並んでいます。
イギリスのお菓子作りに意外と登場する上新粉（Rice flour）は、
小麦粉よりほろっともろい食感に仕上がるのが特徴。
ゴールデンシロップやデーツの甘みのおかげで砂糖も入りません。
食物繊維たっぷりで、朝食にもおなかが空いたときのおやつにもぴったりな、ヘルシースナックです。

INGREDIENTS ［17×27cmの長方形型×1台分］

デーツ（種抜き）.... 200g
水 200mℓ
バター 120g
ゴールデンシロップ 100g
A | オートミール 260g
  | 上新粉 110g
  | 重曹 小さじ1

PREPARATION

・デーツはざく切りにします。
・型にオーブンシートを敷きます。
・オーブンは170℃に予熱します。

RECIPE

1. 鍋にデーツと分量の水を入れて火にかけます。煮立ったら弱火にし、デーツがやわらかくなって水分がほぼなくなるまで、約10分加熱します。
2. 別の鍋にバターとゴールデンシロップを入れて中火にかけ、バターが溶けたら火からおろします。Aを加え、全体がしっとりするまで混ぜ合わせます。
3. 型に2の半量を敷き詰め、カードまたはスプーンで平らに押さえます。その上に1を薄く広げたら、2の残りを均等にのせて表面を軽く平らにならします。
4. 170℃のオーブンで40分ほど焼き、こんがりきれいな焼き色がついたら焼きあがり。型に入れたまま冷まし、しっかり冷えたら好みのサイズにカットします。

▷ぽろぽろと砕けやすいので、完全に冷めてからカットしましょう。

CHERRY OAT SQUARES
チェリーオーツスクエア

オーツたっぷりだけどフラップジャック(p.107)ほど重くなく、
ビスケットよりは食べごたえのある、おやつにちょうどいい焼き菓子。
トレイベイクに慣れてしまうと、
ひとつひとつ型で抜いたり丸めたりするビスケットが面倒になってしまうという難点はあるけれど、
お菓子作りは簡単にこしたことはありません。
その分、チョコレートでデコレーションする手間もかけられるというもの。
地味になりがちなオーツのお菓子も、チェリーとチョコレートでちょっぴり華やか。
子どもたちの手も元気にのびそうですね。

INGREDIENTS ［17×27cmの長方形型×1台分］

A
- 薄力粉 100g
- ベーキングパウダー 小さじ1
- 塩 .... ひとつまみ

グラニュー糖 130g
オートミール 175g
卵 1個
ドレンチェリー 80g
バター 120g
チョコレート 30g

PREPARATION

・卵は溶きほぐします。
・ドレンチェリーは半分に切ります。
・チョコレートは粗く刻みます。
・型にオーブンシートを敷きます。
・オーブンは170℃に予熱します。

RECIPE

1. Aを合わせてボウルにふるい入れ、グラニュー糖とオートミールを加えてざっと混ぜます。溶き卵とドレンチェリーを加え、軽く混ぜます。
2. 鍋にバターを入れて弱火にかけ、溶かします。1に加え、全体がしっとりするまでゴムべらで混ぜます。
3. 型に入れてカードまたはスプーンで平らに押さえ、170℃のオーブンで約25分、こんがりするまで焼きます。型に入れたまま冷まし、完全に冷めたらオーブンシートごと型からはずします。
4. ボウルにチョコレートを入れて湯せんで溶かし、3の上にスプーンで細くたらします。オーブンシートごと冷蔵庫に入れて冷やし、チョコレートが固まったら、好みのサイズにカットして出来あがり。

▷バターやチョコレートは、電子レンジで30秒ずつ様子を見ながら加熱して、その都度混ぜて溶かしてもOK。

BREAD

DERBYSHIRE OATCAKES
ダービシャーオーツケーキ

オーツケーキというとスコットランドのざっくり食感のセイボリービスケットが主流ですが、
イングランドはミッドランド地方、ダービシャーやスタッフォードシャーあたりでは、
オーツケーキといえばこのパンケーキ状のもの。
イーストでふくらませるので、片側にクランペット(p.20)のように大きな穴がプツプツあくのが特徴です。
朝食のほか、カフェなどではチーズやベーコンをのせた軽食メニューとしても人気です。
スタッフォードシャーの都市、ストークオントレントでは多くの女性が陶磁器産業に従事していたため、
手早く食べられる食事としてこのオーツケーキがポピュラーになったのだとか。
このしっとり食感とオーツのナッティーな風味を知ってしまうと、
普通の小麦粉のパンケーキには戻れなくなってしまうかも。

INGREDIENTS［約12枚分］

A
- オートミール....225g
- 全粒粉....100g
- 薄力粉....100g
- ドライイースト....小さじ2
- 塩....小さじ1
- グラニュー糖....小さじ1

B
- ぬるま湯....400mℓ
- 牛乳....400mℓ

〈トッピング〉
チーズ、目玉焼き、ベーコンやマッシュルームのソテーなど（好みで）....各適量

RECIPE

1. オートミールをフードプロセッサーにかけて細かい粉末状にします。Aの残りの材料とともにボウルに入れ、ホイッパーで軽く混ぜます。まん中にBを合わせて少しずつ加え、ダマができないようホイッパーを立てて握り、まん中からゆっくり混ぜます。
2. ボウルをラップで覆い、暖かい場所(30～35℃くらい)に1時間ほどおいて発酵させます。かさが増し、表面がぶくぶく泡立ってきたら準備完了。軽く混ぜて生地を均一にします。
3. フライパンを熱して薄くオイル（分量外）をひき、2をレードル1杯ほど流して広げたら、両面がきつね色になる程度に2分くらいずつ焼きます。

▷シンプルにバターを塗るだけでもいいのですが、チーズや目玉焼き、炒めたベーコンやマッシュルームなど、イングリッシュブレックファスト的なつけ合わせが人気です。あるいはジャムやゴールデンシロップなど甘いものでも楽しめますよ。
▷3で焼く際に、生地の濃度が高すぎて広がらないときは、水少々を加えて調節します。
▷食べきれなかったオーツケーキは、1枚ずつラップに包んで冷凍保存をしてもOK。

COLUMN

NO.7

オーツ（オートミール）のお話

オーツ（燕麦（エンバク）・カラス麦）はイギリスでは小麦の次によく食べられている穀物。もともとイングランド北部やスコットランドでは小麦の栽培が難しく、オーツを主食としていた時代もあったため、今もその食べ方はとても多彩です。

もっとも一般的なのは朝食の定番「ポリッジ」。これはオーツに水を加えて煮る、いわゆるお粥。日本では牛乳と砂糖を加えるイメージですが、イギリス（とくにスコットランド）では、ひとつまみの塩とたっぷりの水で作るのが基本です。それをクリーミーにしたい人は水と牛乳半々で作ったり、甘いのがお好みの人は出来あがりに砂糖やはちみつ、ゴールデンシロップをたらしたりといった具合。

でもその前に、肝心なのはオーツの選び方。粒の粗さや加熱時間の異なるものが、かなりの種類イギリスのスーパーの棚には並びます。

■とにかく手早く済ませたい人は「インスタントオーツ」を使います。これは水か牛乳を加え、電子レンジで1～2分加熱して出来あがり、というもの。すでに1人分ずつカップに入っているものや、フレーバーもいろいろそろっています。

■次に簡単なのは、「クイックオーツ」「ポリッジオーツ」「フレークオーツ」などと呼ばれる、スチームしたオーツをある程度細かくつぶしたもの。ポリッジを作るには鍋か電子レンジで加熱し、やはりものの3分もあればOK。いちばん人気のあるタイプです。

■その次は「ジャンボオーツ」「ロールドオーツ」と呼ばれる、加熱処理後、麦の形のままつぶした押し麦状態のもの。ある程度厚みもあるため、噛みごたえが楽しめます。

■元の状態に近いのが「ピンヘッドオーツ」あるいは「スチールカットオーツ」。こちらはオーツをそのまま3つ程度にカットしたもので、ナッツのような香りとプチプチとした食感が特徴です。「ポリッジはこれじゃないと」というこだわり派も。ただし、やわらかくなるまで30分ほど加熱しないといけないので、時間と気持ちにゆとりのある朝用です。

粉状に挽いたオーツも売られていて、ファイン（極細）からミディアム、コース（粗挽き）までそろっています。

日本では食物繊維、鉄、カルシウムなどなど、味より栄養素ばかりが注目されるオーツですが、たとえそれを抜きにしても、また食べたくなるくらいおいしい、とっておきのレシピを選びました。レシピの中でとくに指定のないかぎり、使うのはスーパーで「オートミール」として売られているもので大丈夫。きっとキッチンに常備したくなりますよ。

PORRIDGE
ポリッジ

水を加えて数分煮るだけ。その日の気分で、たまには塩とナッツで塩味もいい。
こんなに簡単で飽きがこなくて満足感のある朝ごはん、ほかにはなかなかありません。

INGREDIENTS ［2人分］

オートミール 50g
水 350mℓ
塩 ....ひとつまみ

RECIPE

材料をすべて鍋に入れて中火にかけ、沸騰したら弱火で4〜5分、ときどき混ぜながら加熱し、好みのやわらかさになればOK。

◎ピンヘッドオーツを使う場合は、沸騰してから弱火で25分ほど加熱します。

Tips

▷お好みで冷たい牛乳やデメララシュガー、ゴールデンシロップやジャムなどを添えて召し上がれ。

BIRCHER MUESLI
ビルヒャーミューズリー

もともとはスイス人医師、ビルヒャーさんが患者さんのために考案した療養食。
別名「オーバーナイトオーツ」とも呼ばれ、オートミールを牛乳やりんごジュースなどに一晩ひたし、翌朝、フルーツやヨーグルトなどを加えていただきます。食欲の落ちがちな夏の朝ごはんにぜひ！

INGREDIENTS ［2人分］

A | オートミール 50g
サルタナレーズン 20g
牛乳、りんごジュース 各65mℓ
レモン果汁 小さじ1

りんご 小1個

RECIPE

ボウルにAを入れて混ぜ、冷蔵庫で一晩おきます。翌朝、チーズおろしで削ったりんごを加えれば完成。

◎一晩ふやかしたオートミールは冷蔵庫で数日、日もちするので、まとめて3日分作っておこう！ なんてことも出来ます。

▷器によそって、ヨーグルト、ナッツ、ドライフルーツ（ここではくるみ、ヘーゼルナッツ、ラズベリー）、はちみつ、ジャムなど、お好みのものを加えてどうぞ。

Something Special

特別な日のお菓子

お誕生日にクリスマス、結婚記念日、嬉しいことがあった日など、ちょっぴりスペシャルな日に、手作りのお菓子はやさしい花を添えてくれます。豪華に見えるけれどそれほど難しくない、そんなお菓子を集めてみました。

SHERRY TRIFLE
シェリートライフル
RECIPE ... P.118

SHERRY TRIFLE
シェリートライフル

残りもののスポンジやフルーツが、あっという間に見映えのするデザートに。
子ども用にはゼリーを入れたり、大人向けにはお酒をたっぷり含ませたり、バリエーションも星の数ほど。クリスマスや人が集まるときによく登場する、イギリス国民の愛してやまないプディングです。

INGREDIENTS ［1.2ℓの容器×1台分］

〈スポンジ〉［直径15㎝の丸型×1台分］
バター 60g
グラニュー糖 60g
卵 1個
薄力粉 60g
ベーキングパウダー ....小さじ½
バニラエクストラクト ....少々
〈カスタード〉
牛乳 450mℓ
卵黄 5個分
グラニュー糖 45g
コーンスターチ 18g
バニラエクストラクト ....少々

ラズベリージャム 大さじ6
シェリー酒（スイート／好みで）....大さじ4〜6
ベリー類（いちご・ラズベリー・ブルーベリーなど）....300g
生クリーム 200mℓ
グラニュー糖 小さじ1½
〈トッピング〉
スライスアーモンド（ロースト）....適量

PREPARATION

・バターは室温で、すっと指が入る程度のやわらかさに戻します。
・スポンジの卵は室温に戻します。
・直径15㎝の丸型にオーブンシートを敷き、オーブンは180℃に予熱します。

RECIPE

1. スポンジを作ります。ボウルにすべての材料を入れ、ハンドミキサーでなめらかになるまで攪拌します。準備した丸型に流し入れ、180℃のオーブンで20分ほど焼いて冷まします。
◎ヴィクトリアサンドイッチ（p.40）の残りや市販のスポンジでもOK。その場合、約200gを用意します。

2. カスタードを作ります。鍋に牛乳を入れ、火にかけて沸騰直前まで温めます。ボウルに卵黄とグラニュー糖を入れてホイッパーで白っぽくなるまですり混ぜ、コーンスターチを加えてさらに混ぜます。温めた牛乳を加えて溶きのばし、鍋に戻して弱めの中火にかけ、ホイッパーで絶えず混ぜながらとろみがつくまで加熱します。火からおろしてバニラエクストラクトを加えて混ぜ、鍋底を氷水に当て（またはバットに流し）、表面にラップをぴったり張って冷蔵庫に入れて冷やします。

3. 1を厚さ1.5㎝にカットして容器の底に敷き詰めます。ラズベリージャムを塗り、シェリー酒をふりかけ、ひと口大にカットしたベリー類をちらします。上に2を重ねて冷蔵庫で30分ほど冷やします。
◎ベリー類は少し取っておき、飾りに使っても。ここまでの工程を前日に準備しておいてもOK。

4. ボウルに生クリームを入れ、グラニュー糖を加えてふんわりする程度に泡立てます。3の上にのせ、冷蔵庫でさらに冷やします。サーブする直前に、スライスアーモンドや取っておいたベリー類をトッピングして出来あがり。

▷シェリー酒はオレンジジュースやクランベリージュースなどに替えても。小さなグラスに分けて作っても素敵です。

RHUBARB TRIFLE
ルバーブトライフル

イギリスの家庭菜園の大定番、ルバーブ。毎年放っておいても元気に生えてくる太い蕗のようなルバーブの茎は、刻んで砂糖を加えてジャムにしたり、ケーキやデザートに使われます。
きゅんと甘酸っぱいルバーブのトライフルは、食後でもぺろりとおなかに入ってしまいますよ。

INGREDIENTS ［1.2ℓの容器×1台分］

ルバーブ（または冷凍ルバーブ）....350g

A | グラニュー糖....50g
  | レモン果汁....大さじ1
  | 水....大さじ2

シェリートライフルのスポンジ（p.118）....全量

シェリー酒（あれば）....大さじ2

シェリートライフルのカスタード（p.118）....全量

生クリーム....200mℓ

グラニュー糖....小さじ1 ½

〈トッピング〉

スライスアーモンド（ロースト）....適量

PREPARATION

・シェリートライフルのスポンジとカスタードは、p.118の1、2と同様に作ります。

RECIPE

1. ルバーブは2〜3cmにカットしてAとともに鍋に入れ、中火にかけます。沸騰したら火を弱め、ルバーブが煮崩れはじめたら火を止めて冷まします。
2. スポンジを厚さ1.5cmにカットして容器の底に敷き詰めます。あればシェリー酒をふりかけ、1をのせ、上にカスタードを重ねて冷蔵庫で30分ほど冷やします。
◎ここまでの工程を前日に準備しておいてもOK。
3. ボウルに生クリームを入れ、グラニュー糖を加えてふんわりする程度に泡立てます。2の上にのせ、冷蔵庫でさらに冷やします。サーブする直前に、スライスアーモンドをトッピングして出来あがり。

▷削ったチョコレートをふってもアクセントになります。
▷分量はそのままで、250mℓほどのデザートグラス6個に分けて作っても。

BAKED ALASKA
ベイクドアラスカ

熱々のオーブンから出てくるのはなんとメレンゲに包まれたアイスクリーム。
甘くて冷たくて温かい、この不思議なデザートがイギリスで人気を博したのは1950〜60年代のこと。
1953年には、長く続いた卵や砂糖の配給制度がようやく終わりを告げ、
冷凍商品も普及しはじめ、ホームパーティーがブームになります。
ディナーの最後にこんなデザートが現れたらどんなにか盛り上がったことでしょう。
そして、現代の日本でも、きっとみんなの歓声が上がるはず。
見た目よりじつは簡単に作れるので、一度チャレンジしてみませんか？

INGREDIENTS ［直径15cm（1ℓ）の耐冷ボウル×1台分］

〈スポンジ〉［直径15cmの丸型×1台分］

A
- 薄力粉 50g
- ココアパウダー 10g
- ベーキングパウダー .... 小さじ½

バター 60g
グラニュー糖 60g
卵 1個

好みのアイスクリーム（バニラ・ストロベリーなど） 1ℓ分
好みのジャム（チェリーなど） 大さじ3

〈メレンゲ〉
卵白 3個分
グラニュー糖 120g

PREPARATION

・バターは室温で、指がすっと入る程度のやわらかさに戻します。
・スポンジの卵は室温に戻します。
・直径15cmの丸型にオーブンシートを敷きます。
・オーブンは180℃に予熱します。

RECIPE

1. スポンジを作ります。ボウルにAを合わせてふるい入れ、バター、グラニュー糖、卵を加えてハンドミキサーで全体がなめらかになるまで攪拌します。準備した丸型に流し入れ、180℃のオーブンで20分ほど焼きます。冷めたら厚さ2cmにスライスします。
◎スポンジは市販品を利用してもOK。その場合、直径15×厚さ2cmのスポンジを用意します。

2. 耐冷ボウルにラップを敷き、好みのアイスクリームをぴっちり詰め込み、表面を平らにします。1の片面に好みのジャムを塗り、ジャムを塗った面をアイスクリームの上にのせます。ラップで覆い、冷凍庫で最低1時間、しっかり固めます。
◎この後、3の作業をスタートすると同時にオーブンを230℃に予熱します。

3. メレンゲを作ります。ボウルに卵白を入れ、ハンドミキサーで泡立てます。もこもこしてきたらグラニュー糖を少しずつ加えながらさらに泡立て、しっかりとしたメレンゲを作ります。

4. 2に耐熱皿を当て、ひっくり返してボウルから取り出します。ラップをはずし、パレットナイフで3を全体に塗ります。230℃のオーブンで3分ほど焼いて、メレンゲにうっすら焼き色がついたら取り出し、皿に盛ってすぐにテーブルへ。

Tips

▷材料のアイスクリームとジャムは、お好みの組み合わせで自由に楽しんでください。
▷4でメレンゲの仕上げをする際、スプーンの背を使って角を立てたり、渦巻き模様を作っても。オーブンで焼く代わりにバーナーで全体をあぶる方法もあります。

STRAWBERRY HAZELNUT SHORTCAKES

ストロベリーヘーゼルナッツショートケーキ

イギリスでショートケーキというとこれ。
日本のふわふわスポンジのショートケーキとはだいぶ姿が違いますが、
ここでいう「ショート」とはサクサクの意味。
ホロッと砕けるショートブレッド生地でクリームといちごをサンドします。
ご紹介するのはヘーゼルナッツを砕いて加えたタイプ。
そのナッティーな香りといちごとの絶妙なコンビネーションを、ぜひお楽しみください。
いちごのシーズンが楽しみになりますよ。

INGREDIENTS ［直径7.5cmの菊型×6個分］

ヘーゼルナッツ*....50g
バター....120g
グラニュー糖....60g
塩....ひとつまみ
薄力粉....150g
上新粉....30g
〈仕上げ用〉
A
- 生クリーム（乳脂肪分40%以上）....130mℓ
- サワークリーム....65g
- 粉砂糖....小さじ2

いちご....約15粒
粉砂糖....適量
*市販のヘーゼルナッツパウダーでもOK。

PREPARATION

・バターは室温に戻します。
・生のヘーゼルナッツの場合は、160℃のオーブンで10分ほど空焼きをします。
・いちごは大きさをそろえて切り、飾り用を取り分けます。
・天板にオーブンシートを敷きます。
・オーブンは170℃に予熱します。

RECIPE

1. ヘーゼルナッツをフードプロセッサーで粉状に挽きます。
2. ボウルにバターを入れてゴムべらで軽く練り、グラニュー糖と塩を加えてすり混ぜます。薄力粉と上新粉をふるい入れ、1を加え、ゴムべらで混ぜてひとつにまとめます。時間があればラップに包んで30分ほど冷蔵庫で休ませます。
3. めん棒で厚さ5mmにのばし、型で12個抜きます。ここで10分ほど冷凍庫で冷やすと、型崩れが防げます。
4. 天板に並べ、170℃のオーブンで15～17分焼いて冷まします。
◎焼き色がつきすぎないよう注意します。
5. ボウルにAを入れ、軽く角が立つ程度に泡立てます。星口金をつけた絞り出し袋に入れ、4の裏面に絞り出します。いちごをひと口大にカットして並べ、もう1枚でサンドし、粉砂糖をふって飾り用のいちごをのせれば完成。

HEDGEHOG CAKE
ヘッジホッグケーキ

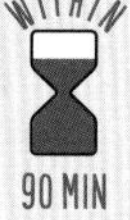

イギリスのノスタルジーあふれる定番バースデーケーキと言えばこれ。
キャドバリーのボタン形チョコレートを、ハリネズミの針に見立てて並べるのがイギリス流ですが、
ここでは、スティック形のチョコレート菓子で代用。思わず笑顔になる、楽しくておいしいケーキです。

INGREDIENTS ［直径15㎝の丸型×1台分］

〈スポンジ〉
バター 120g
グラニュー糖 120g
卵 2個
A | 薄力粉 120g
　| ベーキングパウダー 小さじ1½
　| ココア....20g
牛乳 大さじ2
バニラエクストラクト ....少々
〈チョコレートバタークリーム〉
チョコレート(刻む) 70g
バター 125g
粉砂糖 200g
牛乳 ....25㎖
〈仕上げ用〉
スティック形のチョコレートビスケット
　....約30本
チョコレート菓子・グミなど ....各適量

PREPARATION

・スポンジとバタークリームのバターと牛乳は、室温に戻します。
・卵は室温に戻し、溶きほぐします。
・型にオーブンシートを敷きます。
・オーブンは170℃に予熱します。

Tips

▷ハリネズミの目や鼻の部分は、チョコレートやレーズン、チェリーなど、お好きなものをつけて楽しんでください。
▷5で切り落とした残りのスポンジは、お味見用にどうぞ。

RECIPE

1. スポンジを作ります。ボウルにバターを入れ、グラニュー糖を加えて白っぽくふんわりするまでハンドミキサーで混ぜます。溶き卵を少しずつ加えながら、さらに攪拌します。
2. Aを合わせてふるい入れ、ゴムべらで軽く混ぜ合わせます。まだ粉が見えるうちに牛乳とバニラエクストラクトを加え、なめらかな生地になるまで混ぜます。
3. 型に入れて表面をならし、170℃のオーブンで約40分、まん中に弾力が出るまで焼きます。型からはずし、網の上で冷まします。
4. チョコレートバタークリームを作ります。ボウルにチョコレートを入れ、湯を入れた鍋にのせて湯せんをし、溶けたら湯せんからはずします。別のボウルにバターを入れてやわらかくなるまでゴムべらで練り、粉砂糖と牛乳を加えたら、ハンドミキサーに替えて全体がふんわりするまでよく攪拌します。溶かしたチョコレートも加えて、さらによく混ぜます。
◎チョコレートが熱すぎるとバターが溶けてしまうので注意。
5. 3の両サイドを端から2.5㎝ずつ切り、胴体になる部分のスポンジの厚みを2等分にします。4を厚さ5㎜程度塗ってサンドし、皿にのせます。
6. 5で切り落としたスポンジのうちの1枚を、さらに長さを2等分にします(aの左端)。断面に少量の4を塗って固定し、ハリネズミの頭にしますb。残りの4を全体に塗り、スティック形のチョコレートビスケットを適当な長さに折って針のように差し込みます。チョコレート菓子やグミなどで、目と鼻、耳をつけて完成。

a

b

ACKNOWLEDGEMENTS
おわりに

いかがでしたか、気になるお菓子は見つかりましたか？
イギリスのお菓子は見た目はちょっとレトロで素っ気ない感じがするかもしれませんが、
それはお菓子がお店屋さんで買うものではなく、家庭で身近な材料を使って作られてきたものだから。
でも味はどれも折り紙つき。
家族みんなが大好きで、何十年も、ものによっては何百年も、
変わらず繰り返し繰り返し作られてきたお菓子たち。
どれもシンプルで飽きが来ず、紅茶にぴったりなものばかり。
そんなイギリスの家庭のお菓子を、日本風にアレンジすることなく、そのまま紹介したい、
そう思って作った本です。

粉やお砂糖など同量ずつ入るイギリスのスポンジや、
粉砂糖がバターの倍量入るバタークリームなど、ちょっと驚かれるかもしれませんが、
ここでは、これまで大切に受け継がれてきた基本の配合をそのままお伝えしています。
本書は私個人のレシピ集というよりは、
イギリスでみんなが日々作り楽しんでいるお菓子を選りすぐって束ねたもの。
イギリスの甘くて幸せな空気をぜひ感じてみてください。

一度そのまま作ってみて「どうしても私には甘すぎるわ」と感じたり、
「大きすぎて食べきるのが大変だったわ」なんていうときは、
お砂糖を少し減らしてみたり、半分のサイズで作るのももちろん自由。
なんていったって、おおらかにできるのがイギリス菓子のいちばんの魅力ですから。

誰かを笑顔にする何かを作れるってすごく幸せなこと。
このレシピ本にいっぱい勲章（バターの染みや書き込み）をつけてあげてください。
数年後にはきっとあなた自身のレシピ本になっているはずです。

この本を手に取ってくださった皆さんに、
イギリス菓子の魅力を惜しまず教えてくれたイギリスの友人たちに、
そしてこの本に新たな息吹を吹き込んでくださった山と溪谷社の若名さんほか、
関わってくださった全ての方に心より感謝を込めて。

Galettes and Biscuits
安田真理子

GALETTES AND BISCUITS
安田真理子
Mariko Yasuda

仙台市出身。2007年より栃木県宇都宮市にてお菓子教室をスタート。2008～12年はイギリスに場所を移して教室を続け、帰国後、イギリス菓子教室「Galettes and Biscuits」を主宰する。イギリスで学んだホームベイキングのおいしさと奥深さ、楽しさと癒しの空気を伝えることが趣味であり、よろこび。著書に『イギリスお菓子百科』(ソーテック社刊)、『ジンジャーブレッド 英国伝統のレシピとヒストリー』『British Savoury Baking イギリスの古くて新しいセイボリーベイキング』(ともに内外出版社刊)がある。
http://www.lesgalettes.com　　Instagram @galettes_and_biscuits

撮影・スタイリング・文　安田真理子
デザイン　塙 美奈[ME & MIRACO]
原稿整理　村松真奈美
校正　佐藤博子
DTP　天龍社
プリンティングディレクション　栗原哲朗[図書印刷]
編集　若名佳世[山と溪谷社]

新版 おうちでつくるイギリス菓子
BRITISH HOME BAKING

2024年7月5日　初版第1刷発行

著　者　安田真理子

発行人　川崎深雪
発行所　株式会社 山と溪谷社
〒101-0051 東京都千代田区神田神保町1丁目105番地
https://www.yamakei.co.jp/
印刷・製本　図書印刷株式会社

●乱丁・落丁、及び内容に関するお問合せ先
山と溪谷社自動応答サービス
TEL.03-6744-1900
受付時間／11:00～16:00（土日、祝日を除く）
メールもご利用ください。
【乱丁・落丁】service@yamakei.co.jp
【内容】info@yamakei.co.jp
●書店・取次様からのご注文先
山と溪谷社受注センター
TEL.048-458-3455　FAX.048-421-0513
●書店・取次様からのご注文以外のお問合せ先
eigyo@yamakei.co.jp

定価はカバーに表示してあります
落丁・乱丁本は送料小社負担でお取り替えいたします

Printed in Japan
ISBN978-4-635-45078-2

本書は2018年刊『BRITISH HOME BAKING おうちでつくるイギリス菓子』(ソーテック社)を底本に、既掲載レシピの訂正・加筆と10点以上の新規レシピの収録を行い、再編集をした新版になります。